누군가 사랑하면
누군가 산다

누군가 사랑하면 누군가 산다

초판 1쇄 발행 | 2023년 3월 13일

지은이　 | 조수아 뭉흐
펴낸이　 | 이미라
편　집　 | 이한민
디자인　 | Design IF
펴낸곳　 | 도서출판 사도행전
주소　　 | 서울시 강남구 자곡로 180
전화　　 | 010-6251-3842
이메일　 | actsbook29@gmail.com
홈페이지 | www.actsbook.org
카카오톡 | sonkorea
등록번호 | 465-95-00163
공급처　 | (주)비전북 031-907-3927

ISBN 979-11-978062-2-3 03230

복음에 빚진
선교사 열전 1

전부를 쏟아부어
사랑할 때 거두는 열매

누군가 사랑하면
누군가 산다

조수아 뭉흐 지음

사도행전

이 책은 호주 시드니 '오상원치과'의 후원으로 제작되었습니다.

내 아버지는
평양에서 돌아가셨다

나, 몽골 사람 조수아 뭉흐 자르갈(Joshua Munkh Jargal)의 한국인
아버지 최순기는 평양에서 돌아가셨다. 2006년 3월 22일, 향년
62세였다. 나는 그 슬픈 소식을 미국 로스엔젤레스(LA)에서 들
었다. 당시 나는 신학교를 다니는 유학생이었다.

LA에서 부고(訃告)를 처음 들은 이는 고인의 맏사위인 데이
빗 박(David Park) 목사였다. 몽골 새생명교회의 교인 바트겔(Bat-
gerel)이 새벽에 전화로 소식을 전하면서 다짜고짜 울부짖기부터
했다고 박 목사님이 내게 전했다.

"목사님, 우리 아버지 평양에서 돌아가셨어. 우리 지금 어떻
게 해? 우리 지금 어떻게 해? 어어? 엉엉."

바트겔의 서툰 한국어는 '이제'와 '지금'을 구분하지 못한 것
이었다. 당황해서 그랬을 것이다. 그의 울부짖음은 "우리들에게
아버지나 다름없는 최순기 목사님이 우리들과 함께 개척한 몽
골의 새생명교회는 '이제'부터 어떻게 하면 좋겠는가?" 하는 미
래의 근심이었고, "그저 슬프고 당혹스럽기만 한 '지금'을 어떻

게 견디는가?"하는 현실의 탄식이기도 했을 것이다. 그러니 '이
제'든 '지금'이든 몽골 사람에겐 아무 상관 없었다. '이제'와 '지
금'은 어차피 외국인에겐 잘 구분되지 않는, 뜻만 비슷하고 쓰임
새는 다른 한국어일 뿐이다. '우리 아버지'가 돌아가신 사실만이
막막했다.

'평생의 두가지 소원'

최순기 선교사의 장례식은 그로부터 보름 뒤인 4월 5일, 몽골 울
란바토르(Ulaan Baatar)에서 성대하게 열렸다. "내가 죽으면 몽골
에 묻어달라"는 유지(遺志)를 따른 일이었다.

최 선교사에게 복음을 듣고 구원받은 나와 몽골의 제자들은
'아버지'의 관을 어깨 위로 치켜들었다. 우리가 장례식이 열릴
예배당에 들어갈 때, 헨델의 '메시야' 중에서 대표곡인 '할렐루
야' 찬양이 우렁차게 울려 퍼졌다. 몽골 주재 한인 선교사들이
찬양대를 구성해 불렀다. 이 또한 최 선교사의 유언이었다.

"내가 죽으면, 장례예배 때 구슬픈 찬송가 부르지 말고 할렐
루야 찬양을 힘차게 불러달라."

이 유언은 그의 선교 편지에 기록된 것이다. 편지 말미에
'1999년 4월 28일 새벽 4시 47분'이 기록된 걸 보면, 아마도 새벽
기도를 한 다음에 쓰신 것 같다.

누군가 사랑하면 누군가 산다

사랑하는 기도의 동역자 여러분

부족한 저를 위해서 오늘도 기도해주심을 감사드립니다.

부탁이 있습니다.

내가 몽골에서 죽으면 몽골 땅에 묻어주시기 바랍니다.

이 몸 죽어서라도 몽골의 새생명 교인들의 옆에서 힘이 되어주기를
원합니다.

"목사님이 미국에서 몽골 땅까지 오셔서 우리를 위하여 부르짖으시
더니, 죽으셔서까지 우리에게 말씀하시는구나."

그들에게 힘이 되렵니다.

주님은 날 위해 피 한 방울까지 흘리시면서 나를 따르라 부르시는
데, 내 장례식 때는 헨델의 할렐루야를 불러주시면 감사하겠습니
다.

할-렐루야, 할-렐루야, 주님 품에, 주님 품에

할-렐루야, 할-렐루야, 주님 품에, 주님 품에

할-렐루야.

이 얼마나 장관입니까?

그 순간에 하나님이 벌떡 일어나실 것입니다.

"내 아들아, 어서 오너라."

나 같은 탕자를 향해 주님은 뛰어오셔서 덥석 안아주실 것입니다.

주님의 넓은 품에 안기는 그 순간을 고대합니다.

내 장례식에는 눈물과 기쁨이 뒤범벅이 될 것입니다. 그 눈물은 슬
픔의 눈물이 아니요, 좀더 함께 있었으면 하는 아쉬움의 눈물이며,

죄 많던 탕자가 영광스럽게 하나님의 품에 안기는 기쁨과 감사의 눈물입니다.

나는 장례식에 갈 때마다 나의 죽음을 생각해봅니다.

'내가 죽으면 사람들이 내 묘에 뭐라고 써줄 것인가?'

'하나님은 뭐라고 써줄 것인가?'

'나는 뭐라고 써주기를 바라는가?'

욕심이 있습니다.

"세상이 이기지 못하는 순기가 주님 품에."

이렇게 써준다면 얼마나 좋을까 생각해봅니다.

"내 장례식에는 장송곡이 아니요 할렐루야를 불러다오. 웅장하게 불러다오."

왜냐하면 "나의 죽음은 내 생애의 최고의 순간이기 때문입니다."

꿈에도 그리던 주님을 만나는 놀라운 순간이기에 생각만 해도 마음이 벅차오릅니다.

나는 내 이름을 사랑합니다. 내 이름대로 살기를 간절히 기도합니다. "세상이 감당하지 못하던 최 순 기"

순전하고 진실된

기독교의 복음을

최고로 알아 전하고 또 전하다가

주님 품에 안기기를 원합니다.

하나님이 내게 주신 이름에는 나의 꿈이 담겨 있습니다.

이렇게 귀한 이름이기에, 내 이름대로 살기 위해서 오늘도 하나님께 부르짖지 않으면 못 배기겠습니다.

사랑하는 기도의 동역자 여러분,

이 작은 자의 소원을 위해 여러분의 기도가 필요합니다.

이 기도에 나와 더불어 생명을 걸지 않으시렵니까?

신실하신 하나님이 약속하신, 말로만이 아니요, 피 뿌리며 약속하신 영원한 상급을 바라보면서….

신실하신 하나님의 약속의 이룸이 여러분의 믿음의 가슴 속에 오늘도 충만하시기를 기도드립니다.

1999년 4월 28일 새벽 4시 47분

몽골에서 최순기, 정애 드림

"내가 죽으면 몽골 땅에 묻어달라."

"장례예배 때 할렐루야 찬양을 힘차게 불러달라."

이것이 이 유언의 요지였다. 비록 돌아가신 곳은 평양이었지만 몽골에서 사역하시던 중이었고, '할렐루야'는 최 선교사가 습관적으로 내뱉던 말이자 애창곡이기도 했다. 우리는 '아버지'의 마지막 요청을 거절할 수 없었다.

'아버지'는 나를 비롯한 제자들에게 뭔가를 부탁하고 명령할 때 '(어떻게 무엇을 해) 달라'라는 북한 사람 억양이 나오곤 했는데, 이 유언의 어감은 억세고도 정겨워 순종하기에 유쾌하였다. 그게 북한 출신의 특징이라는 걸, 나는 남한과 북한을 두루 다녀

보고서 구별하게 되었다. 그 유언의 어투가 곧 그런 거였다. 우리는 아버지의 투박한 명령에 즐거이 순종하던 평소 습관 그대로 그 유언에 순종했다. 죽어서 선교지에 묻히는 것, 죽은 다음에도 최고의 찬양을 드리는 것, 내 아버지 최순기의 '평생의 소원' 두 가지는 그렇게 이루어졌다.

몽골이 외면할 수 없는 분

최순기 선교사님이 사망한 다음, 몽골에서 장례를 치르기까지 보름이나 걸린 데는 이유가 있었다. 평양에서 죽은 외국인의 시신을 북한 정부가 내줄 수 없다는 입장 때문이었다. 특별한 '비밀'이 있어서는 아닌 것 같았다. 그저 "전례가 없다"는 게 그들의 입장이었다.

최 선교사님이 집사로서 다녔던 LA영락교회의 고(故) 김계용 목사님도 1990년에 평양에서 심장마비로 돌아가셨다. 최 선교사님의 사인(死因)도 같은 것이었다. 김계용 목사님은 북한에 묻히셨다고 들었지만, 나는 아버지마저 그렇게 되도록 둘 수 없었다.

나는 부고를 듣자마자, 선교사님의 가족과 함께 우선 몽골로 갔다. 우리는 북한 대사관, 미국 대사관, 중국 대사관, 그리고 몽골 정부까지, 접촉할 수 있는 외교적 통로를 최대한 들쑤셨다. 동생 최홍기 장로는 최 선교사의 유언이 담긴 편지를 북한 정부

누군가 사랑하면 누군가 산다

에 보내 '몽골에 묻히는 것'이 고인의 바람이었음을 알렸다. 당시 미국 국무부 장관이던 콘돌리자 라이스(Condoleezzs Rice)도 이 일을 보고받고 시신 송환에 힘을 보탰다. 북한 주재 스웨덴 대사관은 몽골 주재 미 대사관의 시신 인도 요청 전달에 협조해 주었다. 중국도 시신이 중국을 경유하는 데 동의하였다. 전례가 없다던 북한 정부도 의외의 국제적 관심에 반응하기 시작했다.

이 일의 마지막 열쇠는 정작 몽골 정부였다. 몽골 정부가 최순기 선교사의 장례식과 매장을 몽골에서 하는 것을 처음부터 승인한 건 아니었다.

20세기 초부터 구소련의 개혁개방선언인 페레스트로이카(per-estroika)가 선포될 때까지, 무려 70여 년간 소련의 영향 아래에서 공산국가였던 몽골 정부는 외교적으로 남한보다 북한과 가까웠다. 당연히 북한 눈치를 먼저 볼 수밖에 없었다. 더구나 북한이 고향인 대한민국 사람이면서 미국 시민권자인 개신교 목사가 평양에서 죽은 복잡한 경우다. 공산주의 사상과 불교와 무속의 영향이 여전히 남아 있는 몽골로선 자연스러운 입장이었다.

나는 몽골 외교부를 찾아가 호소했다. '교회식'으로 말하자면, 공무원들 앞에서 '간증'한 것이다.

"뭉흐 자르갈은 영적 아버지 최순기 목사님을 만나기 전까지 몽골에서 방황하던 수많은 청소년 가운데 한 사람에 불과했습니다. 부모님은 이혼해서 고아처럼 살았고, 먹을 게 없어 도둑질한 적이 있었으며, 몽골의 거리에서 동네 아이들과 깡패처럼 싸움박질이나 하던, 정말 아무 소망이 없는 사람이었습니다. 그런데 최순기 목사님이 오셔서 하나님을 만나게 해주시고, 저를 사람답게 살도록 만들어 주셨습니다. 목사님 덕분에, 저처럼 변화된 몽골 친구들이 많습니다. 저를 미국에 유학까지 가게 해주셔서, 이제는 꿈과 희망을 전하는 사람이 되었습니다. 최순기 목사님은 몽골 사람 아니고, 한국인이고 미국 시민권자이지만, 나 같은 몽골 청년들이 새로운 인생을 살게 해주신 훌륭한 분입니다. 이런 분을 어떻게 우리 몽골이 외면할 수 있습니까? 우리 몽골 사람이나 다름없는 분입니다! 무엇보다 내게는 아버지나 마찬가지입니다. 그 분도 몽골에 묻히기를 바라셨고요. 시신을 몽골에 모셔서 장례를 치를 수 있도록, 부디 허락해주십시오!"

공무원들은 내 호소를 묵묵히 들어주었다. 자기들끼리 회의를 하는가 싶더니, 이윽고 내게 말했다.

"안 그래도 여러 나라의 외교적 의견도 들었고, 무엇보다 뭉흐의 말을 듣고서 우리가 결정했습니다. 최순기 씨의 몽골 안장을 허락합니다. 이왕 이렇게 된 김에 몽골 정부에서 묘지도 제공하겠습니다. 잘 모시고 와서, 장례를 잘 치르기 바랍니다."

"할렐루야! 감사합니다" 하는 외침이 바로 터져 나왔다. 북한도 이제는 더 마다할 이유가 없었던 모양이다. 북한 당국은 시신을 보내주기로 했다. 단, 별도의 부검 같은 건 하지 않겠다는 각서에 사인을 요구했다. 가족은 동의했다.

누군가 사랑하면 누군가 산다

한 알의 밀이 몽골 땅에 떨어져 죽다

3월 31일, 최순기 선교사님의 관이 북경을 경유해 드디어 몽골에 도착했다. 나는 장례를 치르기 전에 시신을 모셔둘 병원 영안실에서 가족과 함께 '아버지'를 만났다. 시신은 외상없이 깨끗했다. '혹시?' 하며 '의심'했던 이들도 있었지만, 최순기 선교사는 심장마비로 쓰러지신 게 분명한 듯했다.

최 선교사가 쓰러진 곳은 북한의 동업자와 함께 식사를 한 다음, 호텔을 벗어나 인근 지하도로 향하던 길 위였다고 한다. 갑자기 가슴을 움켜쥐더니 쓰러졌다는 동업자의 설명을 들었다. 훗날에 안 것이지만, 최 선교사는 건강에 이상 징후가 있었음에도 북한 방문을 감행한 것이었다. 그때가 네 번째 방문이던 걸로 기억하는데, 이번엔 김정일 위원장까지 만나 직접 가공한 보석을 선물할 계획도 갖고 있었다. 언젠가 그 보석을 내게 보여주셨다.

"뭉흐야! 이거 내가 직접 깎은 건데, 다음에 북한 김정일 위원장 만나면 선물할 거야! 좋은 일이 생기도록 너도 기도해달라!"

최 선교사는 로스엔젤레스에서 집사일 때 보석 가공을 하던 보석 세공 전문가이자 보석 사업가였다. '007 시리즈'의 주인공으로 유명한 배우 숀 코너리가 애용한 액세서리도 그가 만든 것이라고 한다. 그는 자신의 전문 분야인 보석 세공 기술을 북한에 소개하고, 관련 사업을 평양에서 펼치고 싶어했다. 그 이면에 감춘 은근한 목적은 물론 선교였고 통일이었다. 그래서 고위당국자들과의 만남을 기대했는데, 안타깝게도 무산되고 만 것이다.

2006년 4월 5일 수요일 오전 10시, 재몽골한인선교사회(KMEM), 그리고 몽골 교회의 연합체이자 새생명교회가 주축인 몽골복음주의협의회(MEA)가 공동으로 '사랑의 빛 센터'에서 장례식을 치렀다. 그런 다음, 최 선교사는 가조르트 묘역에 안장되었다.

새생명교회는 1994년, 최순기 선교사가 중년의 나이에 몽골 선교사로 헌신해 몽골에서도 가장 추울 때 오셔서 개척한 교회이다. 새생명교회는 몽골 전역에 지금까지 20개 이상의 교회를 개척했고, 몽골 교회의 뿌리 중 하나가 됐다. 이제는 내가 담임하여 목회하고 있는 교회다.

"한 알의 밀이 땅에 떨어져 … 죽으면 많은 열매를 맺느니라"(요 12:24).

나는 이 말씀을 읽을 때마다 '아버지'를 추억하며 전율한다.

이 책은 한 알의 밀이 몽골 땅에 떨어져 죽어 수많은 새가 깃들 만큼 많은 열매를 맺은 역사의 기록이다. 나는 그 열매 중 하나로서, 몽골 교회가 추모하는 최순기 선교사님에 대해 쓴다.

차례

4.

사랑하면 아무것도 두렵지 않다

5.

내가 없어지면 누가 남을까?

1.

변화될 희망이
이제 생겼다

1. 참 '보르항' 예수를 진짜로 믿자

1975년에 태어난 내가 예수님을 알게 된 해는 1992년이다. 그때는 몽골에 교회가 두 개밖에 없었다. 1990년 몽골의 민주화를 전후해 들어오기 시작한 서구 선교사들이 세운 교회였다. 교회들이 세워지기 시작한 건 구소련의 개혁개방정책인 페레스트로이카의 영향 덕분이었을 것이다. 무려 70년간 공산국가였던 몽골에 조금씩 선교의 문이 열리기 시작했던 것이다. 그 이전까지 기독교의 포교는 전면 금지돼 있었다. 교회는 당연히 하나도 없었다. 그게 불과 삼십몇 년 전 이야기이다. 세상이 너무 빨리 변했다.

페레스트로이카는 1985년 3월, 미하일 고르바초프가 소련 공산당 서기장에 취임한 뒤에 실시한 공산권의 개혁정책이다. 몽골에 그 파도가 밀려와 몽골의 사회 지형을 바꾼 건 그로부터 약 5년 뒤인 1990년 무렵이었다. 페레스트로이카가 몽골 민주화 운동의 외적 요인이 된 셈이다.

1989년 12월 10일에 몽골민주연맹이 결성되었고, 1990년 2월 18일에 몽골의 두 번째 정당인 몽골민주당이 창당됐다. 그리고 그해 5월 10일, 몽골인민공화국 헌법이 개정되면서 다당제가 인정되었다. 7월 29일, 민주적 절차에 의한 최초의 자유선거가 실시되었고, 몽골인민혁명당의 오치르바트(P. Ochirbat)가 초대 대통령으로 선출됐다. 몽골의 정치 체제가 공산국가에서 민주국가로 변화된 것이다.

잊혀진 기독교 역사와 멈춰선 희망

몽골은 익히 알려져 있다시피 중세에 세계를 정복한 칭기즈칸(Genghis [Temudjin] Khan, 1162-1227) 왕조가 사라진 다음, 1755년 청나라가 지배하고 나서 수백 년간 중국에 속해 있던 나라다. 그랬다가, 1911년과 1921년의 혁명을 거쳐 독립하였다. 그러나 독립한 결과는 1924년 구소련에 이어서 세계에서 두 번째로 사회주의 국가가 된 것이다. 아메리카 대륙과 태평양 섬나라들과 아프리카 대륙을 제외한 지구의 대부분을 정복했던 몽골의 역사도 공산화와 더불어 잊혀져 갔다. 칭기즈칸 왕조의 부인들과 며느리들이 기독교인이었다는 놀라운 역사도 아울러 망각되었다. 몽골 역사 속에 존재했던 기독교의 '깊었지만 가느다란' 뿌리는 공산화와 더불어 뿌리째 뽑혀버렸다. 그래서 나는 종교는 불교뿐인 줄만 알고 자랐다.

1930년대에 스탈린의 부하들은 몽골의 역사와 문화와 종교를 완전히 부정하고 파괴했다. 그 과정에서 3만여 명의 몽골인이 처형됐다. 이때 죽은 이들의 상당수는 승려였다고 한다. 그리고 몽골은 1990년까지 지구상에 존재하는 공산국가 중 하나일 뿐이었다. 그랬던 몽골이 민주화로 거듭난 다음, 1991년에 사유화 규정이 확정돼 사유재산이 인정되기 시작했다. 하지만 사유재산 개념이 일반화되기까지는 오랜 시간이 걸렸다. 도시 지역의 건물 같은 부동산 대부분은 민주화 이후에도 여전히 국가 소유일 수밖에 없었다. 이것은 새생명교회를 비롯한 몽골의 교회들이 오랫동안 안정적인 예배 처소를 마련하지 못한 이유가 됐다.

몽골은 민주화 이후에도 기독교에 우호적이지 않았고, 교회가 모인다고 하면 쫓아내기 일쑤였다. 기독교에 암묵적인 적대감이 있었던 것 같다. 사회의 변화 과정에서 기독교의 전파도 혼란스러웠다. 정통 교단과 이단을 구분하기 어려웠다. 지금도 몽골에는 신천지를 비롯한 이단이 그나마 소수인 기독교 계열 중에서 상당 부분을 차지한다.

나라가 변화되는 과정은 몽골에서 특별히 혼란스러웠다. 하지만 이러한 시대에 자라나던 청소년들은 나라가 변화되는 역사적 상황과 배경을 전부 이해할 수 없었다. 관심 가질 여유도 없었다. 그저 굶주렸고 불안하여 방황하는 것밖에는 할 일이 없었다. 1975년 6월 16일 울란바토르에서 태어난 나 또한 격변의 시기에 방황하던, 몽골 거리의 십대 부랑아 가운데 하나였다.

나는 동네에서 깡패 같은 형들을 따라다니며 싸움질하고 도둑질까지 해서 몇 번이나 경찰에 잡혀가기도 했다. 오랫동안 공산 국가였기 때문인지, 몽골 사람들은 경찰 같은 공권력은 지금도 두려워한다. 엄마는 나 때문에 걱정을 많이 하셨다. 스님을 집에 불러 돈을 주면서 나를 위해 기도해달라고 부탁하시는 걸 본 적도 있다. 그렇게 하면 아들이 경찰에 잡혀갈 일이 없고, 변화될 것이라고 기대하셨을 것이다. 나도 속으로는 '엄마가 스님에게 부탁해 기도했으니까 변화될 수 있겠지'라고 생각했다. 그러나 믿음 비슷한 그 기대는 '효과'가 없었다. 나는 계속 방황했다.

방황한 건 나만이 아니었다. 몽골의 청소년들은 그 시절에 대부분 그랬다. 몰려다니며 싸움박질이나 하는 아이들이 울란바토르 거리에 수두룩했다. 더러는 도둑질까지 했다. 그래봐야 고작 동네의 소매점에서 먹을거리를 훔치는 수준이었다. 집에는 돈도 먹을 것도 거의 없었기 때문이다. 가게에도 훔칠 것이 금세 동이 났다. 산업이 없던 몽골에서 소련 군대와 지원 체제가 떠나버리자, 남은 것은 껍데기였다. 돈이 있어도 살 게 별로 없었다.

그 무렵, 20대 이상의 청년과 장년 세대들은 할 수만 있으면 중국을 비롯한 아시아 국가들과 동남아, 유럽과 미주 등, 그야말로 세계 각지로 흩어지고 있었다. 아마 그 무렵부터 한국에도 몽골 사람들이 눈에 띄기 시작했을 것이다. 나 같은 10대 청소년은 외국에 나갈 수도 없으니, 할 일은 텅 빈 가게와 멈춰버린 경제처럼 거의 없었다.

나를 변화시킬 '누군가'를 만나다

70년이 넘는 공산화 기간에 몽골은 일당독재와 관료주의, 그리고 소련에 의존한 경제 구조로 말미암아 사실상 쇠락의 길을 걸어왔다 해도 과언이 아니다. 그 기간에, 몽골에 자유는 없었다. 종교도 허락되지 않았다. 복음도 물론 없었다. 불교는 형식적으로 존재했지만, 승려도 사복을 입고 다녀야 했다. 그런 사회에서 나고 자란 나는 하나님의 '하' 자도 결코 알 수 없었다.

내 아버지는 러시아 모스크바에 경제학을 공부하러 유학을 다녀온 엘리트였으며, 공산주의자였고 지도층이었다. 아버지에게 하나님은 애초부터 없었다. 반면, 어머니의 가정은 불교였다. 어머니는 몽골 초원의 게르에서 태어나 양을 치며 자랐는데, 새로운 인생을 살고 싶어서 혼자 화물차에 몰래 올라타고서 울란바토르로 왔다. 그랬다가 아버지를 만나 결혼했고 누나와 나를 낳으셨다.

민주 정부가 들어선 다음에 아버지가 하시던 일은 몽골 대통령의 경제와 사회 담당자, 일종의 보좌관(presidential advisor) 같은 것이었다. 아버지는 몽골이 공산국가일 때도 나라의 경제 업무를 담당했었다. 민주화된 몽골에서는 공산국가에 대한 원망 같은 건 의외로 적은 편이었다. 그래서 아버지는 체제가 바뀐 다음, 초대 대통령이 두 번이나 연임한 8년 동안에도 공무원 일을 계속할 수 있었다.

어머니의 오빠, 내 외삼촌은 스님이었다. 공산 치하에서 불교가 심하게 핍박받을 때 죽임당한 승려 중 한 분이었다. 나는 아버지에게 하나님은 없다는 무신론을 배웠고, 어머니가 아버지 몰래 부처에게 기도하는 '모순'을 보고 자랐다. 그러다가 아버지가 믿었던 몽골의 공산주의는 하루아침에 무너졌고, 정치도 경제도 무너졌다. 불교는 내게 '효과 없음'이 증명(?)되고 있었다.

러시아 사람이 사라진 거리를 아이들은 쏘다녔고, 얼마 남지 않은 '훔칠거리'가 이 동네와 저 동네 아이들이 패싸움을 한 이유 중 하나였을 것이다. 나는 그런 형들을 따라다니며 도둑질하고 싸움질했다. 그렇게 방황하던 나는 인생을 '변화'시켜줄 누군가를 바라기 시작했다. 겉으로는 거칠게 살면서도, 속으로는 '아무 희망 없이, 이대로 내 인생을 보낼 순 없다'고 몸부림쳤다.

1992년 5월, 나는 거리에서 서양 사람을 처음 만났다. 그는 독일인이었다. 일찌감치 몽골 선교를 꿈꾸었지만, 공산국가일 때는 들어올 수 없어서 중국 내몽골에서 몽골어를 배우며 몽골에 들어오기를 준비하다가, 몽골이 민주화되자마자 들어와 있던 선교사였다. 참고로 설명하자면, 내가 살고 있는 몽골은 외(外)몽골에 해당하며, 몽골 사람들이 중국에 속하여 살고 있는 몽골 옆의 지역을 내(內)몽골이라고 부른다.

독일 선교사가 내게 종이 한 장을 주었다. 몽골어 전도지였다. 그는 몽골어를 조금 했는데, 거기에 쓰인 글을 그가 읽어줄 때 나는 놀랐다.

누군가 사랑하면 누군가 산다

"하나님이 계십니다!"

아버지가 하던 말과 반대였다. 어머니가 믿는 부처라는 신(神)하고도 다른 것 같았다. 세상을 지으셨다는 크신 하나님이 나를 위한 계획을 가지고 계시다는 말도 그는 해주었다. 예수 그리스도는 하나님의 아들이신데, 나를 구원하기 위해 돌아가시고 부활하셨으며, 그 예수를 믿어야 한다는 게 전도지의 내용이었다. 나는 충격을 크게 받을 수밖에 없었다. 전도지를 보면서 이런 질문이 바로 생겼다.

"정말 예수님이 참 하나님이십니까?"

어머니는 부처가 신이라고 믿으셨다. 어머니의 초청으로 간혹 스님들이 집에 찾아오곤 했기 때문에, 나도 스님들을 통해 부처를 믿어보려 애썼다. 하지만 어머니가 믿는다는 부처는 내가 보기에 진짜 하나님 같지 않았다. 불교의 가르침도 내 인생에 아무 도움이 되지 않았다. 내 삶에 변화를 일으키지 못했기 때문이다. 그런데 전도지가 소개한 예수님은 진짜 하나님이라고 한다.

몽골의 불교는 전통적으로 부처 중에도 아주 높은 부처가 따로 있다고 생각한다. 그걸 지칭하는 '신'이라는 단어 '보르항'(Burkhan, Бурхан)이 몽골 기독교의 성경 번역 통합 과정에서 '하나님'을 지칭하는 공식 단어가 됐다. 예수님이 하나님의 거룩한 아들이시며, 성부 하나님과 성령 하나님과 성자 하나님, 삼위일체 하나님이 참 '보르항'이시라고 나는 믿는다.

변화될 소망이 생겼다

독일 선교사가 준 전도지에는 "당신이 직접 하나님께 기도할 수 있다"라는 문구도 있었다. 그래서 나는 하나님께 하는 기도가 무엇인지, 어떻게 하는 건지도 모르면서 기도라는 걸 해보았다.

"하나님이 계시고, 정말 예수님이 하나님의 아들이시면 내게 보여주십시오. 그러면 믿겠습니다."

그런 기도를 하고 나니 교회에 가고 싶어졌다. 전도지를 준 사람이 울란바토르에 교회가 생겼다고 말했던 게 기억났다. 하지만 그때 울란바토르에 교회라곤 겨우 두 곳뿐이었다. 어디에 있는 건지 알 수 없었다. 그래도 교회를 수소문해 결국 찾아갔다. '영원한빛교회'(Eternal Light Church)였다. 몽골의 개방 이후 선교사들이 세운 첫 교회 중 하나였다.

선교사가 세운 교회는 내가 상상한 교회가 아니었다. 공산주의 시절에 몽골 사람이 알고 있던 교회의 이미지는 러시아정교회뿐이었다. 검은 옷을 입은 사제가 향을 피우는 모습을 볼 줄 알았다. 그런데 내가 처음 가본 교회는 당시 세계적으로 유행하기 시작한 '경배와 찬양' 형식으로 예배를 드리고 있었다. 설교는 캐나다 선교사가 하고 있었다. 교인들도 대부분 외국인이었다. 나는 그들 가운데 몽골 사람이 있다는 게 놀랍고 신기했다. 나보다 하나님을 먼저 만난 몽골 사람이 있었던 거다.

더 놀란 일은, 같이 술을 먹고 싸움하러 다니던 친구를 그 교회에서 만난 것이다. 그가 나를 반갑게 맞이하더니, 자기는 예수님을 만나서 술과 담배를 끊고 다른 사람으로 변화되었다고 간증했다. 나는 드디어 소망이 생겼다. 어머니가 스님에게 기도를 부탁해도 변화되지 못했고, 아버지가 신봉하던 공산주의도 믿을 수 없게 되었는데, 이제 나는 변화될 수 있을 것이다. 저 친구도 변화됐으니 말이다.

　나는 교회에서 선물받은 성경책을 읽기 시작했다. 당시에 몽골어로 번역된 성경은 영국인 성경 번역 선교사였던 존 기븐스(John Gibbons)가 번역한 몽골어 신약성경이 유일하다시피 했다. 다른 성경은 번역되는 중이거나 일부에서 사용했던 것 같다. 교회에서 준 성경책이 바로 기븐스의 번역본이었다. 나는 그 성경책을 다 읽고 이해하기도 전에 하나님이 계시다는 사실부터 믿게 되었다. 하나님을 만난 것이다.

2. '사람 죽이는' 이상한 종교

나는 독일 선교사님을 만나 성경공부를 했다. 그의 성경책을 보니 각양각색의 밑줄이 보였다. 나는 성경책은 그렇게 읽어야 하는 줄로 알았다. 그래서 집에서 성경을 읽을 때, 그가 한 것처럼 밑줄을 긋고 깨달은 부분에는 메모를 써두었다. 성경 읽기가 너무 재미있었다. 하지만 뜻을 모르는 부분이 더 많아 답답하기도 했다.

나는 내게 성경책을 준 사람에게 어떻게 하면 성경을 이해할 수 있는지 물었다. 그러자 그가 답했다.

"기도하면서 읽으라. 그러면 달라질 것이다."

나는 그의 말을 곧이곧대로 믿었다.

나는 집에서 성경을 읽을 때 엄마와 누나의 눈치가 보여 내 방에서 몰래 읽곤 했다. 읽기 전에 들은 대로 기도했다.

"예수님, 당신이 살아계시다면 나에게 보여주십시오. 지금 이 책을 읽겠습니다. 읽을 때 이해하게 해주십시오."

마태복음부터 다시 읽었다. 처음에는 누가 누구를 낳고 또 낳

앉다는 이야기가 재미없었다. 하지만 기도하고 난 다음에는 덜 지루했고, 읽으면 읽을수록 이해가 되기도 했다. 심지어 성경책의 글씨가 움직이는 것 같았다. 움직여서 내게 그 뜻을 이해시켜주는 것이었다.

움직이는 말씀은 또한 내게 거울이 됐다. 성경을 읽고 있으면, 내가 마치 큰 거울 앞에 서는 기분이었다. 성경이 나에 대한 이야기를 해주었기 때문이다. 그러니까, 성경은 내게 거울이었다. 성경이 나를 비추어 알게 해준 것은 내가 죄인이라는 사실이었다. 어느 날 성경을 읽는데, 마태복음 15장 18절에서 눈이 멈췄다.

"입에서 나오는 것들은 마음에서 나오나니 이것이야말로 사람을 더럽게 하느니라 마음에서 나오는 것은 악한 생각과 살인과 간음과 음란과 도둑질과 거짓 증언과 비방이니 이런 것들이 사람을 더럽게 하는 것이요 씻지 않은 손으로 먹는 것은 사람을 더럽게 하지 못하느니라"(마 15:18-20).

이 구절을 읽으며, 나는 이것이 다른 사람을 위한 말씀이 아니라 바로 나를 위한 말씀이라고 느꼈다. 내 마음은 이런 죄투성이다. 갑자기 내 속에서 눈물이 터져 나왔다. 터진 눈물이 내 눈을 뚫고 빰을 타고 흐르면서 폭포가 됐다. 나는 울면서 기도했다.

"예수님, 나는 죄인입니다. 나를 살려주세요."

이렇게 말씀이 내게 거울이 되어 눈물로 회개한 날이, 아마도 내가 처음으로 성령님을 체험한 날이었던 것 같다. 거듭난 날이었다.

성령님을 뜨겁게 만난 또 하나의 체험이 있다. 처음 교회에 갔던 해의 가을이었다. 그때 몽골에서는 가을이면 일반인은 물론이고 학생도 시골에 가서 추수하는 일을 도우면 돈을 벌 수 있었다. 교인 중 하나가 2주간 감자농장에서 일하자는 제안을 했다. 그때 우리들은 가난했다. 교회에 헌금하고 싶어도 돈이 없었다. 그래서 생각해낸 게 '가을이니까 추수 노동을 해서 번 돈으로 헌금하자'였다. 나는 당연히 지원했다. 교인들도 대부분 참여했다.

교인들은 아침이면 일하러 가기 전에 같이 성경을 읽고 기도했다. 마지막 날에 읽은 본문은 누가복음 10장이었다.

"어느 집에 들어가든지 먼저 말하되 이 집이 평안할지어다 하라 만일 평안을 받을 사람이 거기 있으면 너희의 평안이 그에게 머물 것이요 그렇지 않으면 너희에게로 돌아오리라"(눅 10:5-6).

그날 오후에 어느 집을 방문했다. 2주간 일을 한 다음이라, 그 집에서 마유(말의 젖을 발효시킨 음료)를 얻어 파티를 열려던 것이었다. 나는 그 집에 들어가면서 아침에 읽은 말씀대로 인사했다. "이 집이 평안할지어다! 하나님의 평화가 임하기를 기도합니다." 그리고 전도도 했다.

그날 저녁, 마유를 마시며 파티를 하는 도중에 같이 갔던 형들 중에서 한 명이 그날 내가 한 행동을 나무라는 말을 했다.

"뭉흐는 아무리 하나님의 말씀이라지만 마유 얻으러 간 집에

'평안하기를 빕니다' 같은 말을 뭐 하러 해? 창피하게 말이야."

그도 나도 초신자이긴 마찬가지였지만, 나는 "하나님의 말씀에 순종해야 안 됩니까? 그게 뭐가 창피한 일입니까?" 하고 그 형에게 대들었다. 그게 형의 심기를 건드린 것 같다. "뭐야? 이 어린 놈이 감히!" 하며 내 멱살을 잡더니 나를 때렸다. 나는 바닥에 쓰러졌다. 그 형이 또 때리려 해서 친구들이 말리는 틈에 도망쳤다.

우리가 일하던 감자밭 주변은 초원이었고 산자락 아래였다. 나는 어두운 산을 향해 뛰었다. 억울하고 속이 상해 눈물이 났다. 한참을 뛰다, 주저앉아 기도했다.

"하나님, 나는 말씀대로 순종한 건데, 내가 왜 맞아야 하나요? 왜 이런 일이 있어요?"

그때, 누군가 내 등을 토닥이며 눈물을 닦아주는 것 같았다. 살면서 받아본 적 없던 위로의 온기가 온몸으로 느껴졌다. 나는 예수님이 내 곁에 오셔서 위로하시는 거라고 생각했다. 나는 다짐했다.

"이런 일이 또 있더라도, 나는 하나님의 말씀대로 순종하며 살겠습니다!"

나는 그날 하나님을 인격적으로 만났다. 내 속에 위로가 임했고, 믿음의 용기는 더욱 커졌다. 그날의 위로가 내 자아를 십자가에 못박게 해준 은혜였음을, 훗날 최 선교사님을 통해 깨달을 수 있었다.

민주화가 되었음에도, 몽골에서는 여전히 기독교를 적대시하는 분위기가 있었다. 기독교를 아편처럼 멸시하는 공산주의의 관점이 여전했고, 불교가 강했던 영향 때문이기도 했을 것이다. 그래서 선교사들이 들어왔어도 한동안 교회로 모이는 게 자유롭지 못했다. 경찰이 단속하러 들이닥쳐 예배를 드리지 못하기도 했다. 심지어 신문과 텔레비전에서 "기독교라는 이상한 종교가 들어왔다"는 뉴스를 내보내기도 했다.

"기독교인들은 좋지 않다. 이 종교의 사람들은 자살을 권유하고 죽기도 한다."

하필 그 무렵에 자살 사건이 알려졌는데, 자살한 사람이 교회 다니고 있었으니 기독교가 자살하는 종교라는 식의 논리를 전개한 것이다. 그러나 그것은 사실이 아니었다. 자살한 사람은 교회를 다닌 적도 없었다.

이 대목에서 최순기 선교사님이 자주 해주셨던 말씀을 언급하고 지나가지 않을 수 없다. 선교사님이 우리에게 강조하셨던 말씀이 다름 아니라 '잘 죽자'였기 때문이다. 모르는 사람이 들으면 진짜 죽으라는 말로 들렸을 것이다. 그러나 이 책의 독자라면 그 말씀이 무엇일지 금세 눈치챌 것이다.

"나는 날마다 죽노라"(고전 15:31).

"내가 그리스도와 함께 십자가에 못 박혔나니 그런즉 이제는 내가 사는 것이 아니요 오직 내 안에 그리스도께서 사시는 것이라 이제 내가 육체 가운데 사는 것은 나를 사랑하사 나를 위하여 자기 자신을 버리신 하나님의 아들을 믿는 믿음 안에서 사는 것이라"(갈 2:20).

최 선교사님은 이 본문들을 가지고 자주 설교하셨다. 그리스도 안에서 자아가 죽어야 산다는 말씀이었다. 그는 "우리가 실제로 죽을 때도 크리스천답게 잘 죽어야 한다"라고 강조할 때도 이 말씀들을 인용하셨다.

"예수를 진짜로 믿자"라는 말도 '잘 죽자'는 말과 더불어 자주 하셨다. 예수를 가짜로 믿지 말라는 말씀이었다. 예수 안에서 진짜 죽은 사람이라야 진짜 예수 믿는 사람이며, 진짜 예수 믿으려면 예수와 함께 죽어야 한다고 말하셨다.

"우리가 한번 사는 인생인데, 예수님을 위해 멋있게 살다가 멋있게 죽자! 시시하게 예수 믿지 말자. 정말, 진짜로 예수님을 믿자. 그러니까, 예수 안에서 죽을 때도 잘 죽어야 한다."

그러나 언론의 잘못된 뉴스를 봤던 사람들은 선교사님의 말씀을 이해하기 어려웠다. 오해하고 두려워했다. '교회를 계속 다니고 기독교인이 되면 정말 죽겠구나' 싶었을 것이다. 그래서 그 설교를 들은 다음 교회를 떠난 친구도 있었다. 공산국가일 때 기독교에 대한 잘못된 정보를 들은 사람들도 마찬가지였다.

"아니나 달라? 교회 오니 최 목사라는 사람이 우리더러 죽으라고 하잖아! 기독교는 진짜 사람 죽이는 거네. 이런 몹쓸, 미친 거 아냐?"

하지만 생각해보라. 과연 맞는 말씀이 아닌가? 기독교는 '잘 죽는' 종교다.

그리스도 안에서 나는 죽었다. 내가 그리스도와 함께 십자가에 못 박혔기 때문이다. 그러니까 이제는 내가 살아 있어도 살아 있는 게 아니다. 내 안에 사시는 이는 오직 예수 그리스도뿐이다. 내가 아직 죽지 않고 육체 가운데 사는 것은, 나를 사랑하셔서 나를 위하여 자기 자신을 버리신 하나님의 아들, 예수님을 믿는 믿음 안에서만 사는 것이다. 우리는 참 보르항이신 예수님을 믿고 자아가 죽어야 한다. 특별히, 잘 죽어야 산다.

나는 예수님을 알게 되면서 잘 죽고 잘 믿는 것부터 먼저 배웠다. 참으로 감사한 일이다.

3. 성령께서 몽골에 교회를 세우시다

1992년에 두 곳뿐이던 몽골의 교회는 외국 선교사가 세웠는데, 하나는 신약성경을 번역한 영국인 존 기븐스 선교사가 세운 것이었다. 또 하나는 내가 다녔던 교회로, 캐나다 선교사인 에버트 젠틀맨이 세운 '영원한빛교회'였다. 나는 교회에 대해 전혀 알지 못했기에, 교회는 내가 처음 본 곳들뿐이거나 혹은 그곳뿐이어야 하는 걸로 알았다. 하지만 그 교회에서 새로운 교회가 개척되는 모습을 곧 보게 되었다. 몽골 초기의 한인 선교사들이 영원한빛교회를 방문했다가 개척하는 경우였는데, 그중 한 곳이 현재 미국에서 몽골인교회를 목회하시는 황필남 목사님이 92년에 개척한 '영원한새벽교회'(Eternal Dawn Church)였다.

지금은 한국의 장로회신학대학 교수이시고 몽골어 성경 번역 선교를 하신 안교성 목사님도 교회를 개척하여 우리 새생명교회와 최순기 선교사님과 가깝게 지내셨다. 그 외에도 영어학원을 운영하거나 학교를 세우거나 비즈니스를 하면서 선교하는 한인 선교사들도 들어오기 시작했다. 이런 분들을 통해 교회가 개척되거나 분립되어 교회가 점차 늘어나기 시작했다. 비록 예수를 믿은 지 1년도 채 안 되었을 때이지만, 그런 모습을 본 나는 몽골인도 스스로 교회를 개척하여 몽골인들만의 교회를 하고 싶다는 바람이 생겼다. '우리라고 교회를 왜 못하겠는가' 하는 생각이었다.

몽골 사람들만의 교회 개척

나는 영원한빛교회를 같이 다녔던 세 명의 형들과 함께 길거리에서 한 달에 천 명에게 전도한 결과, 1992년 12월에 몽골 사람들만 모이는 교회를 시작했다. 우리끼리 예배드리고 우리끼리 성경공부를 했다. 설교는 우리들 중 연장자였던 에롱볼뜨(Arunbold) 형님이 주로 했다. 그때 몽골에는 우리를 가르치고 돌볼 선교사가 부족했기 때문이다. 그저 성령에 이끌려, 미숙하나마 몽골 사람들의 교회가 자라나고 있었다.

우리는 개척을 준비하기 위해 에롱볼뜨 형이 사는 게르에 모였다. 처음 한 달은 금식기도를 했다. 금식은 누가 가르쳐 준 것이 아니었다. 성경을 같이 읽을 때, 성령을 받은 초대교회가 금식하며 기도했다는 걸 보고 따라 한 것이다(행 13:2). 우리는 물만 먹고 기도했다. 그리고 노방전도를 했다. 전도하면 욕을 먹었다. 어떤 사람은 이상한 종교 이야기를 한다고 우리에게 돌을 던졌고, 심지어 때리기도 했다.

1993년 1월의 첫 주일, 우리는 작은 극장을 빌려 교회를 시작했다. 교회 이름은 '은혜의 별'(Star of Grace)이라고 지었다. 10명이 모였다.

나는 예배드릴 때 기타를 치며 찬양을 인도했다. 당시 몽골 사람들에게 통기타가 유행이었다. 길거리에서 기타를 치며 노래하면 멋지게 보이던 시절이었다. 나는 기타 코드 몇 개만 아는 초보였지만, 에롱볼뜨 형은 내가 기타를 치니 찬양 인도를 하라고 했다. 문제는 내가 아는 몽골어 찬양이 한 곡밖에 없다는 것이었다. 11시에 예배를 시작해서 설교 전까지 30분간 그 한 곡만 기타를 치며 불렀다. 그런데 놀랍게도 모두 눈물을 흘리며 찬양했다. 설교도 무려 1시간 반이나 계속됐지만 사람들은 지루해하는 기색 없이 끝까지 들었다. 그런 다음 기도하고 찬양을 다시 하는데, 역시 내가 아는 그 한 곡을 또 불렀다. 그래도 사람들은 울며불며 기도했고, 예배는 뜨거웠다. 돌아보면, 그때만큼 뜨겁게 찬양하며 기도했던 적은 다시 없었던 것 같다.

나는 착각했다. 내가 매우 훌륭한 찬양인도자라고! 그러나 그건 성령님이 강하게 임하신 결과였다. 두 시간 넘게 한 곡만으로 찬양하고 1시간 반 넘게 설교를 들었어도, 그 예배는 성령이 충만했다. 정말 순수하고 순전했다.

그 교회에 임한 성령의 역사는 강력했다. 우리는 그때 사도행전을 주로 읽었는데, 초대교회에 일어난 역사가 우리 교회에도 나타나는 걸 보았다. 예배 도중에 어떤 이가 소리 지르며 뒹굴었다. 귀신이 떠나가는 것이었다. 어떤 사람은 병 고침을 받았다. 소문이 나자 매주 교인이 늘었다. 10명이 시작했는데, 순식간에 70명이 넘어갔다.

교인이 생겼으니 우리도 세례를 주어야 할 것 같았다. 우리는 멋도 모르고 세례를 주었다. 그러다 선교사님들이 우리 교회에 방문했을 때, 그 모습을 보고 기겁했다. "너희들은 아직 목사도 전도사도 아닌데, 이러면 안 된다"고 극구 말렸다. 목사 안수는 커녕 신학공부도 하지 않은 초신자들이 그러면 안 된다는 것조차 몰랐던 것이다. 어떤 분은 그저 "조심하라"는 말만 해주고 갔고, 어떤 분은 "교회를 이렇게 하면 안 되니, 이 교회는 일단 모이지 말아야 한다"는 말까지 했다. 그 말이 섭섭했지만, 우리는 그것이 문제가 될 수 있음을 깨닫고 세례는 하지 않기로 했다. 다만 예배하러 모이고, 설교하며 기도하기는 그치지 않았다.

귀신이 떠나가다

어느 수요일, 그날 예배에서는 내가 설교하기로 했다. 그날 우리 교회에 왔다가 나오지 않고 있던 어떤 자매가 오랜만에 나왔다. 예배드리기 전에 나에게 상담을 요청했는데, 자기는 성경을 읽거나 설교를 들으면 속에서 악한 영이 들어와서 그런지 굉장히 불안해지고 쓰러지기도 한다는 것이었다. 그래서 교회에 오지 않은 것인데, 그날 용기를 내서 왔다고 했다. 나는 그 자매가 교회에 돌아온 건 감사했지만, 그날은 내가 설교해야 했으므로 두려워졌다.

'어떻게 해야 하나? 저 자매가 쓰러지기라도 하면?'

나는 평소보다 길게, 50분가량 찬양을 인도했다. 그리고 준비한 설교를 시작하려는데, 그 자매가 일어났다. 입에 거품을 물고 큰 소리를 지르더니 쓰러졌다. 성경에서 본 것처럼 귀신이 나가지 않으려고 버티는 것 같았다. 자매를 붙잡으려고 해봤지만, 힘이 얼마나 센지 남자 네댓 명이 달려들어도 붙잡을 수 없었다. 나는 어쩔 줄 몰라 일단 다 같이 찬양하자고 말했다.

남자들이 그 자매를 붙잡고 있는 동안, 우리는 30분 넘게 찬양하고 기도했다. 어느 때보다 찬양과 기도가 뜨거워졌다. 그러자 자매가 마지막으로 소리를 지르더니 악한 영이 떠나는 것 같았다. 자매의 얼굴이 순식간에 밝아지고 빛이 났다. 두 손을 높이 들더니 찬양하고 기도하기 시작했다. 그리고 이상한 말을 하는데, 그건 방언이었다. 하나님을 높이는 말인 것이 분명했다. 이런 일은 그때 흔했다.

나는 예배를 인도하고 설교하는 현장에서 이 일을 체험하면서, 하나님은 분명히 살아계시며, 성령께서 이 교회에 강하게 역사하신다는 것을 확신하게 되었다.

몽골에 교회가 본격적으로 시작되고 바로 서게 된 것은 물론 선교사들이 오시면서부터다. 다만 몽골에 교회를 세우는 것은 성령의 뜻이었고, 초대교회를 세우실 때처럼 성령의 강력한 역사가 있었던 것은 분명히 증언할 수 있다. 우리끼리 교회를 할 때, 비록 문제는 많았지만, 성령께서 우리들에게 직접 역사하신 것이라고 나는 믿는다. 다만, 선교사들이 오셔서 우리에게 바른 신학과 말씀을 가르쳐주셔서 몽골 교회는 든든히 서갈 수 있었다. 이런 점에서, 나와 은혜의별교회 초기 멤버들이 최순기 선교사님을 만나게 된 것은 성령님의 놀라운 계획과 섭리가 아닐 수 없었다.

최순기 선교사와의 첫 만남

최순기 선교사님이 나와 친구들을 알게 된 것은 두 번에 걸친 몽골 단기선교 때문이다. 최 선교사님이 몽골에 처음 오신 때는 1992년이었다. LA영락교회 집사로서 신학교 재학중이었다. 당시 대학부 전임이셨던 유영기 목사님과 대학생 몇 명과 같이 오셨는데, 유 목사님은 이후에도 평생 몽골 교회를 위해 지원을 아끼지 않은 분이다. (이 책의 16장은 유영기 목사님이 쓰신 것이다.)

최 선교사님 일행은 첫 단기선교 때, 내가 다니고 있던 영원한 빛교회에 찾아오셨다. 그리고 다시 오겠다고 약속하셨는데, 이 듬해인 1993년에 두 번째로 방문할 때는 청년 찬양팀과 함께 오셨다. 내가 친구들과 함께 몽골 사람들만의 교회를 개척했다는 소식을 듣고 은혜의별교회를 찾아오신 것이다.

우리는 최 선교사님께 설교를 부탁드렸다. 하지만 그때는 통역할 사람이 없었다. 선교사님도 아는 몽골어가 없을 때였다. 설교하기를 포기하셨는지, 그냥 요한복음 3장 16절을 선교사님은 영어로 읽고, 우리는 몽골어로 읽자고 하셨다. 우리는 소리를 질러가며 그 말씀을 구절에 따라 몇 번이고 주거니 받거니 반복하여 읽으며 암송했다.

"하나님이 세상을 이처럼 사랑하사!"

"독생자를 주셨으니!"

"이는!"

"그를 믿는 자마다 멸망하지 않고!"

"영생을 얻게 하려 하심이라!"

처음엔 대여섯 번 반복해서 읽었던 것 같다. 읽을 때마다 선교사님은 "더 크게!"라고 소리를 지르셨다. 우리는 더 크게 소리질렀다. 요한복음 말씀 한 구절만 여러 번 읽었는데, 15분이 금세 흘렀다. 우리는 감격했다. 선교사님은 울부짖고 우리는 울었다. 설교하지도 통역하지도 않았는데, 우리는 그 말씀 한 구절만으로 하나님의 은혜에 깊이 잠겼다.

최 선교사님은 우리에게 자기가 좋아하는 한국어 찬양을 불러주겠다고 했다. 그 곡은 '주님께 찬양하는 우리의 마음'(현윤식 작사 작곡, 윤영진 편곡 찬양)이었다.

주님께 찬양하는 우리의 마음
얼마나 아름다운지
주님께 찬양하는 모든 순간
내 마음 천국일세

찬양 찬-양 주님께 찬양드려요
두 손을 높이 들고 마음을 모아
주님께 찬양드려요

주님께 감사하는 우리의 마음
얼마나 아름다운지
주님께 감사하는 모든 순간
내 마음 천국일세

감사 감-사 주님께 감사드려요
두 손을 높이 들고 마음을 모아
주님께 감사드려요

찬양 찬-양 주님께 찬양드려요
두 손을 높이 들고 마음을 모아
주님께 찬양드려요
주님께 감사드려요

최 선교사님은 아이 같은 표정으로 손짓과 율동을 하며 이 찬
양을 부르셨다. 멜로디도 어렵지 않아서, 우리는 무슨 뜻인지도
모르면서 한국 말로 따라 부를 수 있었다. 가사가 주님께 찬양하
고 감사하자는 뜻이라고 영어로 설명해주셨지만, 우리는 선교사
님의 표정과 율동만 보고도 이해할 수 있었다. 우리는 이 찬양이
입에 바로 붙어버렸다. 이 곡이 나와 친구들이 처음 배운 한국어
찬양이었다.

순수하게 찬양하는 사람이 되다

몽골에서는 예배가 끝나도 바로 집에 가지 않는다. 같이 밥을 먹
거나 성경공부를 하거나, 누군가의 집으로 몰려가 교제를 나누
는 문화가 있다. 최 선교사님과 우리는 미리 약속이나 한 듯, 그
날 예배를 마치고 선교팀이 머무는 숙소로 가기로 했다. 자동차
가 없어서 30분을 걸어가는 동안에도 선교사님이 가르쳐준 이
찬양을 율동까지 하며 계속 불렀다.

우리는 최 선교사님에게 그날 반해버렸다. 그는 찬양할 때 입
을 크게 열고 큰 소리를 내셨는데, 얼마나 순수해 보였는지 모른
다. 그때는 우리도 지금보다 더 순수했기에, 순수한 최 선교사님
의 찬양에 빠져들었던 것 같다.

우리는 선교팀 숙소에서 그날 늦게까지 예배하고 찬양을 드렸

다. 초콜릿을 주셔서 처음 먹어 보기도 했다. 이래저래 달콤하고 황홀하기만 했다.

최 선교사님이 단기선교로 와 계셨던 며칠이 꿈만 같이 지나고 아쉽게도 선교팀이 미국으로 돌아가던 날, 우리는 공항까지 배웅을 나갔다. 공항에서도 우리는 율동하면서 그 찬양을 불렀다. 비행기가 이륙해서 시야에서 사라질 때까지 계속 불렀다.

찬양 찬-양 주님께 찬양드려요
두 손을 높이 들고 마음을 모아
주님께 찬양드려요
주님께 감사드려요

그렇게 해서 우리 마음에 최 선교사님이 들어오셨다. 그의 마음에도 우리가 자리 잡았을 것이다.

나는 예수님을 믿고 교회에 나갈 때부터 찬양을 좋아했다. 원래 노래하기를 좋아해서 기타도 배웠지만, 내가 본격적으로 찬양을 좋아하고 찬양인도자가 되게끔 영향을 준 분은 다름아닌 최 선교사님이었다. 워낙 노래를 좋아하고 찬양을 뜨겁게 하시는 선교사님 덕분에, 새생명교회도 시작되자마자 찬양과 예배가 뜨겁기로 소문이 났다.

나는 새생명교회의 찬양인도자가 되고 나서 한국 온누리교회의 경배와 찬양에 대해서 듣고, 거기서 나오는 찬양 테이프를 모

누군가 사랑하면 누군가 산다

두 구해 들었다. 그걸 번역해서 불렀다. 몽골 교회들과 연합으로
찬양집회를 열기도 했다.

내가 직접 찬양곡을 쓴 적도 있다. 몽골 말로 '데딘데드'(왕의
왕)인데 한국의 유명 복음 성가 찬양팀인 '아침'이 '가장 귀한 주
님께'라고 번안해 부르기도 했다. 이 곡은 영어와 중국어로도 번
역됐다. 그 가사는 이러하다.

왕의 왕 나의 주님 찬양해 사랑의 주를 찬양하리라
영원한 생명 되신 주님을 영원히 찬양하리라
(후렴) 마음 깊은 곳에 찬양을 가장 귀한 주님께 드려
가장 아름다운 찬양을 주님께 드려

나는 연합찬양팀을 인도하면서, 한국의 찬양팀처럼 예배를
녹음하여 시디와 테이프도 만들었다. 나름대로 몽골의 젊은이
들 사이에서 찬양인도자로 '인기'도 생겼던 것 같다. 나중에 알
고 보니, 내 아내도 나와 교제하기 전에 이미 연합찬양집회에 빠
짐없이 참여했다고 한다. 그때부터 나를 마음에 두었던 것 같다.
주님은 내 삶을 세밀하게 설계하고 인도하고 계셨던 것이다. 그
걸 나만 제대로 몰랐을 뿐이다.

4.   초콜릿과 커피보다
맛있는 기적

1994년 1월, 영하 40도가 넘은 혹한의 어느 날이었다. 몽골에 장기 선교사로 헌신한 미국 시민권자이면서 한국인인 중년의 남자가 혈혈단신, 달랑 가방 하나만 든 채 로스엔젤레스를 떠나 몽골에 도착했다. 최순기 선교사님이었다. 선교적 소명을 깨달은 다음 미주 한인 장로회 신학대학원을 다녔고, 1993년에 목사 안수를 받은 직후였다. 아예 몽골에서 장기 사역을 하기로 결심하고 들어 오셨던 거다. 그가 몽골에 와서 자리를 잡은 다음, 바로 나를 찾았다고 한다.

"뭉흐 청년은 지금 어디 있는가?"

하필 그때 나는 군인이 되어 있었다. 몽골도 한국처럼 의무적으로 1년 이상 군 복무를 해야 했기 때문이다. 내가 군대에서 한 일은 몽골 첫 대통령의 사저 경호였다.

이제 와서 생각하니, 내가 군대에 가 있다는 소식은 최 선교사님에게 실망을 주었을 것이다. 몽골에 본격적인 선교를 하러 오면서, 아마도 나와 내 친구들 같은 몽골 사람들과 함께 교회를

하고 싶으셨기 때문이다. 그런데 리더나 다름없던 나는 군대에
가 있었다.

초코파이의 보답

최 선교사님은 한국산 초코파이 한 상자와 북한산 복숭아 통조
림을 가지고 나를 면회오셨다. 군대에서 배가 고팠던 나는 선교
사님이 따주시는 복숭아 통조림을 핥아서 허겁지겁 먹다가 그만
입을 다쳤다. 그럴 만큼 맛이 달았다.

　나는 초코파이도 먹고 싶었지만, 꾹 참고 부대장에게 통째로
선물하였다. 그게 행운을 부를 줄 몰랐다. 뇌물이랄 것도 없는
과자 한 상자이지만, 맛도 식감도 좋은 초코파이를 처음 맛본 부
대장이 크게 감격했던 것 같다. 뜬금없이 휴가를 보내준 것이다.

　"뭉흐야, 너를 보러 그 먼 미국에서 손님이 와서 이런 선물도
주시는데, 그냥 보내면 죄송하다. 일주일간 휴가를 줄 테니 손님
잘 모셨다가 다시 돌아오라!"

　안 그래도 한국인이면서 미국 시민권자가 몽골 군인을 면회하
러 온 건 부대에서 흔치 않은 일이라 화젯거리였다. 덕분에 나는
휴가를 얻었고, 최 선교사님도 기적 같다며 기뻐하셨다.

　휴가를 나온 날, 우리는 밤을 지새우며 몽골 교회에 대한 꿈을
나누었다. 함께 교회를 개척하자는 꿈을 나눈 것이다. 나는 그

날, 선교사님에게 세례도 받았다.

나는 그 황금 같은 휴가 기간의 대부분을 최 선교사님과 어울리는 것으로만 보내지 않았다. 오히려 최 선교사님에게 여비를 받아 친구와 함께 지방에 전도를 다녀오는 데 썼다. 그건 전도와 교회 개척을 항상 우선으로 삼은 최 선교사님의 가르침이기도 했고, 실제로 선교사님이 시키신 일이었다.

나는 그때 시골에서 전도하면서, 언젠가 그 동네에도 전도를 계속하여 교회를 세우리라는 꿈을 꾸었다. 그 꿈은 훗날 현실이 됐다. 그때 내가 갔던 곳은 칭기즈칸의 고향인 힌티(대한민국의 도 개념의 지역, 울란바토르에서 북동쪽에 위치)의 한 도시였는데, 도시 이름도 칭기즈칸이었다. 지금 힌티에는 새생명교회를 통해 개척된 교회가 8개 있다.

기적 같은 행운은 휴가로 그치지 않았다. 복귀를 하루 앞둔 날, 누나가 군인과 공무원들이 모이는 자리에 다녀왔다면서 기분 좋게 취한 모습으로 나를 찾아왔다. 밤 12시가 다 됐을 무렵이었다. 잠자던 나를 깨우더니 다짜고짜 이런 말을 하였다.

"뭉흐야! 너 군대 다시 안 가도 돼!"

나는 이게 무슨 자다가 봉창 두드리는 소린가 싶어 어리둥절하였다. 누나가 취해서 장난하거나 거짓말하는 줄 알았다. 누나는 장난 아니라며, 자세한 설명을 추가하였다.

"모임에서 네가 다니는 부대의 높은 사람을 만났다. 너의 이야기를 했더니 안다고 하길래, 우리 뭉흐는 지금 부모님이 이혼

누군가 사랑하면 누군가 산다

하셔서 어머니를 모셔야 하는 사람이라고 설명드렸지. 네가 군대 가 있으면 우리집엔 어머니를 모실 사람이 없다고 사정을 했어. 그랬더니 너 같은 사람은 군대 더 안 다녀도 된다고, 간단한 서류 신청만 하면 바로 제대시켜준다고 하더라. 내일 군대 가서 처리하고 오면 돼. 진짜라니까!"

머리가 멍해졌다. 내가 어릴 때 아버지와 어머니가 이혼하신 건 불행이었다. 그래서 더 방황할 수밖에 없던 나였는데, 하나님의 은혜로 예수님을 믿고 구원받았다. 게다가 이제는 최순기 선교사님이 오셔서 함께 교회를 시작할 수 있게 되었다. 그런데, 때를 맞춰 미리 제대하는 행운까지 얻은 것이다. 한국식으로 말하면 의가사전역(依家事轉役)인 셈이었다. 이건 하나님이 주신 선물이 아니라면 설명할 수 없는 기적이었다.

나는 곧바로 30분을 뛰어 선교사님을 찾아갔다. 밤중에 소식을 들은 선교사님은 나보다 더 크게 기뻐하셨다.

"뭉흐야, 우리 이제 교회 해도 된다."

내가 휴가를 나왔을 때는 부활절 기간이었다. 나는 제대하고 나서 5월부터 최 선교사님의 집에서 살다시피 하며 교회를 준비하기 시작했다. 내게는 다른 할 일도 없어서였지만, 교회를 세우는 일이 가장 중요했기 때문이다.

초콜릿 먹고 싶으면 따라와

나는 친구들을 불러 모았다. 나와 친구들은 거의 매일 선교사님 집에 모여서 성경공부를 했다. 솔직히 말하면, 처음엔 성경보다 달콤한 것이 있어서였다. 그건 바로 선교사님이 미국에서 가지고 온 초콜릿이었다. 그걸 성경공부가 끝나면 하나씩 나눠주셨다. 한국의 초코파이도 내게 휴가를 줄 만큼 힘이 있었지만, 초콜릿의 힘은 훨씬 강했다. 그걸 먹으려고 오는 친구들이 금세 늘어났기 때문이다.

나는 예수 안 믿는 친구들에게 전도할 목적으로, 조금은 유치하게 초콜릿 자랑을 하곤 했다.

"너희들 초콜릿 먹어봤냐? 이 촌놈들아! 초콜릿도 몰라? 먹으면 입에서 그냥 살살 녹는다, 녹아! 먹고 싶으면 나 따라와!"

하지만 그 초콜릿은 사실 선교사님이 우리를 위해 준비한 것이 아니었다. 몽골의 물자가 부족하고 음식까지 입에 맞지 않을 것을 염려한 선교사님이 당 보충을 위해 가끔 드시려고 가져온 것이었다.

나는 독일 선교사님이 하시는 교회에 성경공부를 하러 갈 때 바나나와 커피를 처음 먹어 보았다. 그때도 나는 친구들에게 전도할 때 "바나나 먹어봤냐? 커피는 마셔봤냐? 바나나와 커피도 모르냐?" 하며 놀렸다. 심지어 예수님을 소개할 때도 이랬다.

"예수님을 모르냐? 이 무식한 놈들은 예수님도 몰라!"

누군가 사랑하면 누군가 산다

"바나나 먹고 커피 마시고 싶으면 따라와! 예수님도 알게 해
줄게!"

그렇게 해서 친구들 중 몇 명이 나를 따라 예수를 믿게 되었
다. 여덟 명 내외였던 '절친'들은 최순기 선교사님이 오시면서
교회를 새롭게 시작했다. 그것이 새생명교회의 시작이었다.

이 사람은 내가 보장한다

1997년, 최 선교사님이 "몽골의 아들을 데리고 미국에 가고 싶
다"며 나를 미국에 데리고 가셨다. 비행기를 처음 타보게 된 거
라 얼마나 설레었는지 모른다. 하지만 비자를 바로 받지 못했다.
유학이나 취업이 정해진 것이 아니고 단순한 여행이며 나이도
어린데, 이런 사람은 미국에 가면 돌아오지 않을 거라는 게 이유
였다. 그러자 다음날 선교사님이 나를 데리고 미국대사관에 직
접 가셨다. 담당자에게 당신의 여권과 내 여권을 보여주며, 나를
위해 이런 말을 하셨다.

"이 사람은 거듭난 크리스천이다. 내가 보장한다."(This man is
born again Christian. I guarantee him.)

대사관 담당자는 그 자리에서 도장을 찍어주었다. 선교사님은
"거 봐! 내가 뭐랬어? 된다 하지 않든?" 하며 으쓱해 하셨다.

선교사님은 자신이 특수부대 출신이라며 "안 될 게 어디 있는

가?"라며 늘 도전적이고 겁이 없어 보였다. 자신이 '무대포'라는 말도 하셨다. 그래서 "예수님께 목숨 걸었다"는 말이 진실하게 들렸다. 나의 미국 비자 신청도 그런 식으로 통과시킨 것이다.

나는 그때 선교사님을 따라가, 미주 한인기독교방송의 '새롭게 하소서'에 함께 출연했다. LA영락교회에서도 잠깐이나마 간증할 기회를 얻었다. 박희민 목사님이 LA영락교회 담임이실 때였는데, 내가 한국어로 서툴게나마 간증하자 박 목사님이 칭찬해주셨다.

"우리 뭉흐 형제는 한국말도 잘하는데, 이게 다 최 선교사님이 선교를 잘하셨다는 증거입니다. 선교사님의 영적 아들이라는데, 전혀 손색이 없습니다. 선교사님이 몽골 가셔서 이렇게 사역을 잘하고 계시는데, 우리 교회도 이런 선교를 본받으면 좋겠습니다."

나는 최 선교사님 덕분에 캐나다에도 다녀왔다. 북한에서 고초를 겪으셨던 임현수 목사님의 큰빛교회에서도 간증했다. 최 선교사님과 임 목사님은 서로 친구처럼 지내며 북한 선교에 동역하셨다.

박희민 목사님이 말씀하신 것처럼, 최순기 선교사님은 '선교를 잘하신 선교사'이시다. 다른 건 다 몰라도, 적어도 나 뭉흐가 이렇게 목사가 되고 몽골 교회를 섬기는 사람이 된 것만 봐도 그렇다. 이건 초콜릿, 커피, 바나나가 이뤘던 기적보다 큰 기적이 아닌가?

2.

사랑은 이래야
정말 느낀다

5. 누군가 기도하면
   누군가 살아난다

최순기 선교사님이 몽골에 혼자 왔을 때 미국에 두고 온 가족이
있었다. 부인 최정애 사모님과 큰딸 크리스틴, 둘째 딸 비비안,
그리고 셋째 딸 수지였다. 큰딸은 대학생이었고, 둘째와 셋째는
아직 십대였다. 사업을 했고 경제력도 있던 가장이 몽골로 선교
하러 가겠다고 하니, 부인이 반대한 건 당연했다. 더구나 딸들은
한창 아빠가 필요한 나이였다. 아빠가 자기들을 '버리고 떠났다'
라고 생각하여 실망하였다.

   나는 훗날 딸들로부터 그 시절에 아빠에게 몹시 섭섭했다는
이야기를 들은 적이 있다. 아빠가 자기들을 중요하게 여기지 않
고, 몽골 아이들만 챙기는 것처럼 보였을 것이다. 당시만 해도
한국 사역자들은 가정보다 사명을 더 중하게 여기는 경향이 있
었다고 한다. 그때 우리 몽골 교인들은 그런 마음을 헤아리지 못
했다.

가족과 떨어져 선교를 시작하다

1995년 여름방학에 딸들이 몽골을 방문했을 때 일이다. 몽골 교인들에게 나눠준다고 미국에서 좋은 연필을 선물로 가지고 왔다. 그 연필을 막내딸도 가지고 싶어했다. 그래서 아빠에게 그거 하나 가져도 되느냐고 물었다가 무안하게 거절당하고 말았다.

"안돼! 너는 미국 가서 살 수 있잖아. 여기 아이들은 이런 거 사고 싶어도 못 사."

언젠가 최 선교사님이 미국에 있는 딸들과 통화하시는 걸 내가 옆에서 본 적이 있다. 당시는 국제전화 요금이 비쌌기 때문에 보통은 팩스를 많이 사용했는데, 떨어져 사는 가족끼리 가끔 목소리를 들어야 했을 것이다. 통화할 때면 수화기 너머로 "엄마, 아빠" 하고 우는 듯한 음성이 들렸다. 주로 막내딸 같았는데, 어떤 문제가 있는지 어려움을 호소하는 것 같았다. 하지만 목사님은 "알았어, 그냥 기도하자. 여기 전화 요금 많이 나오니까" 하면서 기도만 하고 끊으셨다. 그리고 방에 들어가 울면서 기도하셨다. 그걸 옆에서 본 나는 왠지 미안하고 마음이 아팠다.

최 선교사님이 혼자 몽골로 오셔서 몇 달이 지난 1994년 5월, 사모님이 세 딸과 함께 몽골에 오셨다. 그때 그들이 가방에 담아온 건 초콜릿 같은 과자류와 두루마리 휴지 같은 일상 용품이었다. 초콜릿은 우리에게 주려고 선교사님이 부탁한 것이었고, 휴지는 그때만 해도 몽골에 없었기 때문이다.

몽골 서민에게는 그때만 해도 '일'을 본 다음 휴지를 쓴다는
개념이 없었다. 초원이나 숲에서 일을 보면 풀잎으로 닦았고, 심
지어 돌로 닦기도 했다. 그래서 두루마리 휴지가 없었던 것이다.
그게 불과 30-40년 전의 몽골 형편이었다. 그러나 진짜 비참한
것은, 우리에게 복음이 없었다는 사실이다.

그나저나, 두루마리 휴지까지 사 와야 했던 사모님은 기가 찼
을 것이다. 자신과 딸은 몽골에서 살 수 없을 뿐 아니라, 남편도
어떻게든 말려서 다시 미국으로 데려가고 싶으셨을 게 뻔하다.

그러나 '분위기 파악'을 못 하던 우리는 사모님이 오신 첫날부
터 사모님을 '엄마'라고 부르기 시작했다. 사모님의 이름이 궁금
했는데, 딸들이 '엄마'라고 부르는 걸 보고 이름이 엄마인 줄 알
았기 때문이다. 우리는 지금도 사모님을 '엄마'라고 부른다. 돌
아가신 최 선교사님이 '아빠'이신 것처럼.

그가 목숨 건 두 사람

최순기 선교사님은 1943년 평북 신의주에서 아버지 최경윤 집
사, 어머니 최신주 권사의 3남 중 맏이로 태어났다.

이 집안에 뿌려진 복음의 씨앗은 외할아버지 최용진 장로님에
게서 싹을 틔우기 시작했다. 예수님의 이름이 아직 낯설던 19세
기 말의 조선, 최 장로님은 고향인 평북 미산 땅을 출발하여 중

국을 거쳐 몽골까지 가서 쪽복음을 전하셨다고 한다. 그 이야기를 들을 때, 나는 소름이 돋았다.

외할아버지 최 장로님은 쪽복음을 받아 읽고서 예수님을 구주와 구세주로 영접한 분이라고 한다. 고향에 교회당을 먼저 세우고, 나귀에 쪽복음을 싣고서 독립운동과 더불어 중국과 몽골까지 선교하러 다니셨던 것이다.

최 선교사님의 가족은 외할아버지가 몽골에 지핀 복음의 불꽃이 한 세기가 지나서 손자 최순기의 심장에 다시 불을 지폈다고 생각한다. 물론 최 선교사님이 외할아버지를 기억하여 몽골에 온 것이라기보다, 몽골에 오기로 결심하고서 집안 내력을 되새길 때, 그런 내력을 깨닫고서 몽골 선교가 하나님의 뜻임을 알았을 것이다.

최 선교사님은 서울에서 대광고등학교를 졸업하고, 경희대학교에서 체육학을 전공하면서 펜싱 선수 활동도 했다. 축구를 비롯한 스포츠 전반에도 달인이었다. 군대도 특수부대에서 복무했고, 사업도 젊어서부터 시작했다고 한다. 영락교회를 다니면서 집사 직분을 받았지만 '모태신앙' 수준이었고, 1976년에 미국으로 이민 가서도 형식적인 신앙생활을 했다. 교포 교회에서 찬양대 활동을 했지만, 그건 그저 친구 만나러 가는 핑계였다. 미국에서는 보석 가공 기술자로서 사업에도 성공하고 있어서, 세상적으로는 남부러울 것이 별로 없었다.

그의 보석 세공 기술은 몽골에서 사역을 계속할 수 있는 수단

누군가 사랑하면 누군가 산다

이 되기도 했다. 선교사님을 파송한 모 단체가 '불미스러운 일
(?)을 보고받고 최순기 선교사를 제명한다'는 통보를 한 적이 있
다. 그 불미스러운 일이란 당연히 사실무근이었다. 하지만 그 때
문에 선교 후원금이 모두 끊기고 몽골 거주를 위한 비자 갱신에
도 문제가 생기고 말았다. 선교를 계속할 수 없는 진퇴양난이었
다. 그리고 몇 달이 흘렀는데, 비자 만기 2주 전에 기적이 일어났
다. 선교사님은 대학 재학 시절에 펜싱 선수로서 금메달을 땄던
경력을 활용해, 몽골에서 펜싱 코치로 일하는 비자를 받을 요량
이었다. 그런데 몽골 신문에 난 정부의 광고가 그의 비자 문제를
한번에 해결하였다. "몽골 땅엔 보석이 많이 묻혀 있는데, 외국
에서 온 보석 전문가가 있다면 연락 바란다."

선교사로서 몽골에 왔다는 정체성을 갖고 있어서 자신이 보석
세공 전문가였다는 사실을 까맣게 잊고 있던 최 선교사님은 이
것이 하나님께서 예비하신 일임을 깨달았다. 결국 보석 세공 기
술 때문에 비자 문제가 해결되었고, 이후 이름도 모르던 분들이
선교헌금을 보내오면서 더 자유롭고 왕성하게 교회 개척과 선교
활동을 할 수 있었다.

그는 청년 시절에 불교 신자인 부인을 만나 양가의 반대를 무
릅쓰고 결혼했는데, 훗날 내게 이런 말을 하였다.

"나는 내 인생에 두 사람한테 목숨을 걸었다. 처음 목숨 건 사
람은 내 아내이고, 두 번째는 예수님이다."

"내 딸 좀 살려주세요"

최 선교사님이 아직 예수님께 목숨을 걸기 전인 어느 날, 그의 가정에 큰 사고가 생겼다. 둘째 딸 비비안(수경)이 네 살 때, 3층 창문에서 1층 바닥으로 떨어진 것이다. 이웃집 친구들과 자기 방에서 놀고 있었는데, 풍선이 열린 창문 밖으로 날아가려고 해서 그걸 붙잡겠다고 창틀에 올라갔다가 그만 사고를 당한 것이다.

콘크리트 바닥에 떨어진 머리는 두부모처럼 흐느적거렸고, 의사는 살 가망이 없다고 진단했다. 일주일이 지나도록 의식이 없었다. 집사 최순기는 그때 처음으로 간절하게 하나님을 붙잡는 기도를 드렸다고 한다.

"하나님이 계시면, 제발 내 딸 좀 살려주세요!"

그는 생업을 전폐하고 딸의 머리맡을 지켰다. 반응이 전혀 없었지만, 딸에게 사랑의 대화를 쏟아부었다. 하지만 사랑의 말도 이틀 정도 하고 나니 더 할 게 없었다. 그때, 그에게 떠오른 생각이 있었다. '성경을 읽어주자'는 것이었다. 자신도 건성으로 읽은 성경이었다. 한번도 통독이란 걸 해본 적이 없었고, 집안 구석에 내팽개쳐둔 것이었다. 그 성경을 들고 와 딸 앞에서 읽기 시작했다. 주변에서는 부질없는 짓 하지 말라고 말렸지만, 그는 멈추지 않았다. 그로서는 그때가 성경을 처음 탐독하는 기회이기도 했을 것이다.

반응하지 않는 딸에게 성경을 읽어주는 동안, 어느 날부터 그

누군가 사랑하면 누군가 산다

성경이 최순기의 죽은 영혼을 먼저 깨우기 시작했다. "살아있고 활력이 있어 좌우에 날선 어떤 검보다 예리하며 혼과 영과 관절과 골수를 찔러 쪼개기까지"(히 4:12) 하는 말씀이 그의 영혼을 만져 쪼개는 기적이 일어난 것이다. 딸에게 성경을 읽어주어 딸을 살리려던 그의 의도는 엉뚱하게도 그 자신이 먼저 살아나는 기적을 일으켰다.

딸은 여전히 반응이 없었지만, 그는 말씀에 감격하며 울고 기도하면서 성경 읽기를 계속하였다. 그렇게 8일째가 됐다. 비비안이 코마 상태에서 깨어났다! 간절히 바라던 기적이 실제로 일어났던 것이다.

눈을 뜬 수경이 처음 한 말은 "아빠, 사탕 먹고 싶어"였다고 한다. 최순기는 "사탕보다 더 달콤한 말씀이 딸을 살렸다"고 감격했다. 딸에게 혹시 사고 당시의 기억이 나느냐고 물었을 때, 가족들은 소스라치게 놀라지 않을 수 없었다. 수경이 이런 고백을 했기 때문이다.

"떨어질 때, 천사들이 나를 받아주었어."

금으로 깔아 예비하신 길

훗날 안만기 목사(전 분당 할렐루야교회 청년 담당)의 아내가 된 비비안이 남편과 함께 할렐루야교회에 부임해서 2011년 9월 1일자 '할렐루야교회신문'에 게재한 간증을 소개한다. 글의 제목은 "누군가 기도하면 누군가 살고, 누군가 기도하지 않으면 누군가 죽는다"이다. 이 제목은 그의 아버지 최순기 선교사님이 자주 하시던 말씀이다.

몽골 선교사이셨던 부친(고 최순기 목사)께서는 "내가 크리스천으로 이 땅에 살면서 가장 흥분되는 것은 주님이 나의 기도에 어떻게 응답하시는가를 보며 사는 것이다"라고 자주 말씀하셨습니다. 그 영향으로 나는 늘 기도의 응답을 받을 때 그 응답의 기쁨을 넘어 주님께서 나를 기억하신다는 사실이 더 감격이 되었습니다. 내가 누구관데 가장 높으신 창조주께서 당신의 마음을 바꾸기도 하시는가? 내가 누구관데 주님은 독생자의 죽음으로 지불하는 은혜로 나를 살리신 것인가?

하나님은 사랑이십니다. 저는 이 사랑을 삶에서 늘 체험하며 살아왔습니다. 네 살 때 저는 3층 건물에서 떨어져 코마 상태에 있었고 의사는 제 가족에게 마음의 준비를 하라고 말했습니다. 8일 후 깨어났을 때 어린 저는 "천사가 와서 그 손으로 나를 받아주었다"라고 말하면서 두 손을 모아 그 상황을 표현했다고 합니다. 놀라우신 주님은 구원의 은총을 넘어 늘 저를 기억하고 사랑하신다는 것을 평생 삶에서 기억나게 하는 사건입니다. 더군다나 이 사건은 평신도이셨던 아버님께서 목회자로 하나님께 인생을 헌신하는 계기가 되었습니다.

누군가 사랑하면 누군가 산다

1977년 5월, 제가 대학을 졸업할 즈음 근처에 초등학교가 있다는 정보를 듣고 무작정 학교로 찾아가 인터뷰 날을 잡았습니다. 집에 돌아와 주님께 간구하기를 '주님, 내가 원하는 장소가 아니라 나를 필요로 하는 장소로 보내시며 내 인생 가운데 열방을 위한 하나님의 뜻이 이루어지를 사모합니다. 나는 주님이 심으신 장소에서만 꽃 피우기를 사모합니다'라고 기도했습니다.

감사하게도 저는 그 학교에 취업하게 되어 졸업 후 3개월 만에 정식 교사로 일하게 되었는데, 취업 후 알게 된 것은, 그 학교는 미국에서 상위 10% 안에 들어가는 초등학교로서 예술 교육 활동까지 나라에서 특별 지원을 하는 우수한 학교였습니다. 더 놀라운 것은, 원칙적으로는 그 학교에 취업하기 위해서는 지역 교육청을 통해서만 인터뷰를 할 수 있는 것이지 직접 학교에서 인터뷰를 신청할 수도 받을 수도 없었다는 것이었습니다.

저는 교사 활동 외에 한국 학생들의 부모님들과 학교와의 중간 역할을 감당하게 되었는데, 제가 그 학교에 쉽게 들어갈 수 있었던 것은, 당시 학교가 한국 부모님들과의 대화 소통이 원활하지 않아 고민하던 중, 미숙하지만 한국어를 하는 제가 긴급회의를 통해 채용된 것이었습니다. 그렇게 하나님의 은혜로 저는 14년 동안 한 학교에서 근무하면서 주님이 끊임없이 나를 기억하시고 사랑하신다는 체험을 하는 소중한 시간을 가졌습니다.

"내 입에서 나가는 말도 이와 같이 헛되이 내게로 되돌아오지 아니하고 나의 기뻐하는 뜻을 이루며 내가 보낸 일에 형통함이니라"(사

55:11).

저희 가정의 한국 행에 있어 마음의 평강과 기쁨으로 결단하며 오게 된 것도 늘 당신의 자녀들을 기억하시며 사랑하시는 하나님에 대한 확신 때문입니다. 좋으신 하나님이 인도하시는 길은 평범한 길이 아니요 가장 귀한 금으로 깔아 예비하신 길이시니 내가 무엇을 두려워하겠습니까?

"주님, 내가 원하는 장소가 아니라 나를 필요로 하는 장소로 보내시며, 내 인생 가운데 열방을 위한 하나님의 뜻이 이루어지기를 사모합니다."

제 아버님이 저희에게 늘 말씀하신 대로 나의 기도제목에 응답하시는 하나님을 만날 때, 내가 주님을 먼저 사랑한 것이 아니라 주님이 나를 먼저 사랑하셨음을 확신할 수 있으며, 그 확신 하나만으로 저는 주님께 순종하는 딸로 살아야 하는 충분한 이유가 됩니다. (최수경 사모, 안만기 목사)

"나라면 몽골로 간다"

최순기 선교사님은 나이 50이 되었을 때 지인의 권유로 은혜한인교회에서 하는 트레스디아스 프로그램에 참석했다. 딸의 사고를 겪은 다음이었던 것 같다. 그는 그곳에서 하나님을 만나고 거듭났다. 그리고 선교의 비전을 품게 되었다.

누군가 사랑하면 누군가 산다

1991년에는 은혜한인교회 선교팀과 함께 러시아를 방문했고, 그리고 1992년에 LA영락교회 유영기 목사님과 대학부 청년들과 함께 몽골을 방문했던 것이다. 그러면서 1993년에 몽골에서 사역하기로 결정하고 오신 것인데, 처음에는 몽골과 러시아 둘 중에 어디로 선교하러 갈지 갈등했다고 한다. 러시아는 그래도 과일과 어류 등 먹을 것이 풍부하지만, 몽골은 민주화가 진행되면서 사회가 어수선했고 먹을 것도 부족했기 때문이다. 그래서 기도했다고 한다.

"하나님, 제가 몽골로 갈까요? 아니면 러시아로 갈까요?"

속으로는 러시아로 가고 싶었지만, 하나님께서 어떻게 생각하시는지 알고 싶었던 것이다. 그럴 때, 하나님이 들려주신 음성은 이랬다고 한다.

"순기야, 나 같으면 몽골로 가겠다."

입에 맞는 것도 없고, 가난하고 힘들기만 한 몽골이라 애써 외면했는데, 하나님은 이런 말씀을 들려주시며 몽골로 가라고 하셨다. 그래서 1994년 1월, 영하 30도 혹한의 한겨울, 몽골 사람들도 추워서 꼼짝하지 않는 추운 날에 몽골에 오셨던 것이다. 그것도 혼자서.

6. 밥과 스팸이
사랑한다고 말해주었다

최순기 목사님이 선교사로서 혼자 몽골로 오기 전까지, 사모님과 겪은 갈등은 꽤 컸던 것 같다. 사모님은 결국 '우리 엄마'가되셨지만, 그때까지 선교사가 될 마음이 없었고, 그럴 믿음도 아니었던 것 같다. 불교 집안에서 태어나, 어려서 스님이 되려고했던 사람이었다. 아버지가 세운 절에서 자란 적이 있을 정도였다고 한다. 나는 서울에 갔을 때, 사모님이 자랐다는 마포의 사찰에 가보았다. 사모님의 어머니가 그 절의 여승이었다는 말을들었다. 선교사님은 사모님과 연애할 때 절밥을 많이 먹었다고한다. 그럴 만큼 최 선교사님과 사모님은 서로 다른 신앙 배경에도 불구하고 사랑하게 돼, 양가의 반대를 무릅쓰고 결혼한 것이다. 물론 예수님을 제대로 믿기 전이었다.

'엄마', 즉 사모님은 결혼해서 시댁 때문에 교회는 나갔지만, 집에서 몰래 예불을 드리기도 했다. 그랬는데, 남편이 뒤늦게 사업 다 접고 선교사로 나가겠다고 했으니, 그 반대가 오죽했을까. 더구나 아예 신학을 공부하고 목사가 되었고, 선교사가 되겠다

누군가 사랑하면 누군가 산다

고 혼자 몽골로 가버렸으니 말이다. 하지만 남편 혼자 가 있는 나라를 가보기는 해야겠다고 생각하셨던 것 같다. 그래서 1994년, 봄이 되고 여름이 가까워질 무렵인 5월 말에 딸들을 데리고 몽골에 오셨던 것이다.

우리는 엄마가 좋았다

사모님이 처음부터 우리를 좋아하신 건 아닌 것 같다. 나중에야 그 이유를 그 성장 배경을 듣고서 알았지만, 우리는 그저 사모님이 선교사님과 같이 계시는 모습이 좋아 보이기만 했다. 우리는 사모님 이름이 '엄마'인 줄 착각하고, 눈치도 없이 수시로 '엄마, 엄마' 하고 부르며 쫓아다녔다. 어떤 때는 선교사님보다 '엄마'를 더 좋아하였다. 보통의 자녀들이 아빠보다 엄마를 더 좋아하는 것처럼 말이다. 엄마는 속으로 우리가 불편하고 싫기도 하셨겠지만, 우리는 엄마가 와 계신 게 좋기만 했다.

'엄마'는 그해에 처음 열린 새생명교회의 여름 수련회에 우리와 함께 참가하셨다. 수련회를 마치면 남편을 떠나 미국에 돌아갈 예정이었다.

예배를 드리고, 서로를 축복하고 기도하는 시간이 됐다. 엄마는 뒷자리 어디쯤에 앉아계셨던 걸로 기억하는데, 그 주변으로 몇몇의 청년들이 둘러서기 시작했다. 그리곤 엄마에게 손을 내

밀거나 어떤 이는 엄마의 어깨에 손을 대고 기도하기 시작했다. 엄마는 무슨 말인지 알아들을 수 없었다. 하지만 곧 알게 되었다. 우리가 엄마를 얼마나 좋아하고 사랑하는지를!

어느 청년의 기도 소리는 특히 절절했다. 엄마를 위해 기도하는 게 분명한데, 눈물이 엄마의 어깨에 떨어졌다. 엄마도 결국 흐느끼기 시작했다.

수련회가 끝나고도 엄마는 돌아가지 않으셨다. 딸들을 먼저 미국으로 보낸 다음, 한달간 우리와 더 계셨다. 그런 다음 미국으로 돌아갔다가 딸들끼리 살아갈 수 있도록 집을 정리한 다음, 한 달쯤 지나 몽골로 돌아오셨다. 그리고 최 선교사님과 함께, 그리고 우리와 함께 살기 시작하셨다. 엄마로서는 쉽지 않은 결정이었다. 딸 셋을 미국에 두고, 자기는 아직 예수님을 인격적으로 충분히 만나지도 못했지만, 남편을 위해서, 그리고 우리 몽골의 아들들을 보고서 결정한 일이었다.

'엄마'는 그날부터 지금까지 우리와 함께 몽골에서 살고 계신다. '아버지'가 돌아가신 다음에도 그렇다. 지금은 나를 비롯한 '몽골 자식들'이 혼자 사시는 어머니를 종종 돌아보고 있다. 어머니도 언젠가 천국에 가시면, 부부가 함께 쓴 유언대로 몽골 묘역의 남편 곁에 묻히실 것이다.

최순기 선교사님은 몽골 사람들에게 집을 완전히 오픈하셨다. 그건 선교사님의 목회와 선교 스타일이었다. 나를 비롯한 8명의 몽골 남자들이 그 집에서 같이 먹고 자면서 살았다. 마치 12명

누군가 사랑하면 누군가 산다

제자들이 예수님과 같이 살았던 것처럼 말이다. 최 선교사님이 그러실 수 있었던 것은 사실 사모님이 같이 계셨기 때문이다. 남 자들만 있는 게 편할(?) 것 같아도 사실은 그렇지 않다. 집을 오 픈하는 사역은 부부가 한마음으로 헌신해야 가능하다.

"앉아서 싸야지!"

최 선교사님이 살았던 아파트 이름은 '2동'이었다. 러시아 사람 들이 살던 곳을 빌린 것이었다. 그때는 게스트하우스나 호텔도 거의 없었다. 그 아파트는 방 세 개와 거실과 화장실이 하나 있 었는데, 거실에선 예배와 모임을 하고, 방 하나는 선교사님 서재 로, 하나는 사모님과 선교사님의 침실로 썼다. 남은 하나가 우리 들 방이었다.

우리는 비록 좁았지만, 그 분들과 같이 살 수 있다는 것만으로 행복하고 재미있었다. 하지만 사모님이 같이 사시게 되면서, 그 게 사모님께 얼마나 힘든 상황이었을지, 우리는 철이 없어 미처 몰랐다.

화장실이 특히 문제였다. 사모님이 같이 살기 전에는 하나뿐 인 화장실을 남자들끼리만 써서 불편하지 않았다. 그런데 사모 님이 오신 다음, 하루는 선교사님이 우리를 집합시키더니 야단 을 치셨다.

첫 제자들
새생명교회의 초기 성도들과 최 선교사님의 첫 제자들. 선교사님은 우리에게 넥타이를 하나씩 나눠주셨다. 예배드릴 때, 이왕이면 단정하게 하라고.

"야, 너희들은 오줌 눌 때 앉아서 싸야지, 서서 싸면 어떻게 하냐? 그게 여기저기 다 튀어서 더럽잖아. 그러면 너희 엄마가 어떻게 일을 보냐? 화장실이 하나뿐인데, 너희들이 깨끗하게 써야 엄마도 쓰지. 샤워한 다음에도 욕실을 깨끗하게 씻어놓아야 하는데, 더러워진 걸 닦지도 않고 말이야. 이제부터 변기에 앉아서 싸고, 샤워한 다음에는 무조건 청소해라. 알겠냐!"

최 선교사님은 우리의 생활 습관뿐 아니라 예배드리는 자세도 가르쳐주셨다. 어느 주일 아침, 예배드리기 전에 선교사님이 우리 8명에게 넥타이를 하나씩 나눠주셨다. '예배드릴 때는 평소처럼 입는 거 아니고, 이왕이면 양복을 입고 넥타이도 단정하게 매고 드려야 한다'는 뜻이었다. 우리는 처음 매보는 넥타이가 익숙하지 않아, 처음 몇 번은 각자 받은 넥타이를 들고서 줄을 서서 선교사님이 매주는 걸 기다리곤 했다. 나는 선교사님이 넥타

누군가 사랑하면 누군가 산다

이를 매주실 때, 아버지의 손길을 느꼈다. '아들을 사랑하는 아버지는 이렇게 넥타이를 매주시는구나!'

사모님은 주일이면 예배를 마친 다음 스팸을 구워주셨다. 두 분이 드시려고 가져온 것이 분명했지만 우리에게 주신 것이다. 스팸도 초콜릿처럼 입에서 먼저 녹았다. 그걸 보며 내가 깨달은 것이 있다. '이분들은 우리를 진실로 사랑하시는구나!'

그때는 두 분이 우리에게 사랑한다는 말을 몽골어로 아직 하지 못할 때였다. 우리도 사랑한다는 한국어를 알지 못했다. 소통이 잘 되지 않았다. 하지만 이분들이 우리를 사랑한다는 것은 확실히 알 수 있었다. 그렇지 않고서야, 저 귀한 초콜릿과 스팸을 우리에게 나눠줄 수 있었을까?

내가 최 선교사님과 교회를 시작할 때, 서로 말이 통하지 않았지만 소통하는 방법이 있었다. 큰 종이를 펼쳐놓고 글을 쓰고 그림을 그려가며 영어로 대화하는 것이었다. 그래도 서로 조금은 대화가 됐고, 종이에 그리고 쓰며 손짓과 발짓을 동원하면 무슨 말을 하는지 대충 이해되곤 하였다.

영어를 못하기는 사실 나나 최 선교사님이나 별 차이가 없었다. 최 선교사님은 미국에서 사업까지 했지만, 성인이 되어 이민 간 것이므로 영어가 유창하진 않았다. 하지만, 사랑을 전하는 대화는 유창한 말이나 현란한 손짓이 필요한 것이 아니었다. 넥타이를 매줄 때, 혹은 그저 초콜릿으로, 고봉밥과 스팸으로 충분하였다. 어머니가 더 먹으라고 얹어주는 푸짐한 밥과 귀한 스팸이

"우리는 너희를 사랑해"라고 소리쳤으니, 어떻게 못 알아들을 수 있었겠는가? 우리가 숟가락을 뜰 때마다, 두 분의 사랑이 우리의 허기진 뱃속으로 쑥쑥 들어왔다. 맛나고 배가 불렀다.

엄마의 밥이 교회를 성장시켰다

최정애 사모님이 오신 다음부터, 밥을 짓는 일은 엄마의 '주 업무'가 되었다. 우리가 밥을 많이 먹어서 엄마는 매일 많은 밥과 반찬을 만들어야 하셨다. 어느 날은 엄마가 양배추로 김치를 담그셨다. 그때 몽골에는 배추가 없었다. 그래도 엄마는 양배추로 김치 흉내가 나게끔 고춧가루 같은 재료를 어렵게 구해 김치를 담그셨는데, 매운 음식을 먹어 본 적이 없던 우리였지만 그게 얼마나 맛있었는지 모른다. 교회가 부흥하기 시작하자, 어느 주일에는 30명이 목사님 집에서 밥을 먹었다. 양배추 김치가 순식간에 동나고 말았다. 새생명교회의 초기 부흥은 엄마의 밥 덕분이라 해도 지나치지 않다.

하루는 엄마가 소고기에 간장을 부어 끓이는 요리를 하셨다. 소고기의 부위는 몽골 사람들이 자주 먹는 것이 아니었고, 한 방향으로 결이 찢어지는 것이었다. 그걸 먹기 좋은 크기로 자른 것이었는데, 아빠가 맛을 보라 해서 한 조각씩 먹어 보니 짭짤한 것이 꿀맛이었다. 고기의 식감이 좋고, 달고 짠 것이 밥반찬으로

누군가 사랑하면 누군가 산다

그만이었다. 어쨌든 고기 아닌가! '고기'와 '단짠'은 국적을 떠나 맛의 진리다. 몽골 사람은 특히 그렇다.

우리는 아버지가 먼저 밥을 드시고 방에 들어간 다음에도, 그 것과 함께 밥을 더 먹었다. 결국 그 '요리'를 그 자리에서 다 먹 고 말았다! 잠시 후, 아빠가 나오셨다가 그걸 보시곤 우리에게 벼락 같은 호통을 치셨다.

"아니 이놈들아! 소고기 장조림을 한 번에 다 먹으면 어떻게 해! 그건 밥반찬이라서 조금씩 먹는 거야! 아이고, 이 먹보들 같 으니라고. 한 달 동안 먹으라고 엄마가 해준 건데, 그걸 지금 다 먹냐?"

우리는 야단을 맞으며 뻘쭘해졌다. 맛있어서 먹었을 뿐이고, 엄마가 평소에 반찬을 해주실 때처럼 그날 다 먹어도 되는 줄 알 았을 뿐이다.

우리는 먹성이 좋았다. 엄마는 우리가 날마다 찾아오거나 아 예 같이 살기도 했으므로, 매일 밥을 해대느라 처음부터 고생이 셨다. '이 어처구니없는 일을 언제까지 해야 하나' 생각하셨을 거다. 시간이 지나면서 몇몇 자매들이 엄마가 밥을 차리는 걸 돕 긴 했지만, 어쨌든 엄마는 한 번도 우리 앞에서 밥 짓는 일이 힘 들다고 푸념하신 적이 없다. 아버지가 말씀과 훈계로 우리를 양 육하셨다면, 엄마는 밥으로 우리를 배불리셨다. 새생명교회는 그렇게 해서 건강하게 성장하였다.

진짜 우리 엄마가 되셨다

사모님은 우리에게 밥만 해주신 것이 아니었다. 한글도 가르쳐 주셨고, 문화 행사나 예배 준비에도 많은 도움을 주셨다.

새생명교회가 성탄절을 맞아 초대형 콘서트를 개최한 일이 있다. 예수님 이야기를 뮤지컬과 연극처럼 꾸며서 사람들에게 공연한 것이다. 이 일은 특별히 엄마 선교사의 적극적인 지지와 도움으로 해낼 수 있었다. 공연 의상은 어머니와 교인들이 직접 만들었다. 서커스장을 빌려서 동방박사들이 들어오는 장면에서는 실제로 낙타를 등장시켰다. 요셉이 마리아를 데리고 애굽으로 도망가는 장면에서도 그랬다. 예수님이 예루살렘에 들어가시는 장면에서는 나귀를 썼다. 몽골이라서 가능한 일이었다. 예수님의 탄생을 알린 천사가 나타나는 장면에서는 서커스 단원에게 천사 옷을 입혀서 공중에 매달리게 해 날아 다니는 것처럼 연

엄마와 아빠
최정애 사모님과 최순기 선교사님. 이 두 분은 나 몽흐와 내 친구들의 어머니와 아버지가 되셨다.

　　　　　　　　　　　　누군가 사랑하면 누군가 산다

출했다. 이 공연은 꽤 성공적이었다. 처음엔 2500명쯤 관객이 올 줄 알았는데 3000명이 몰려서 다 들어오지 못했다.

나는 한국말을 엄마에게 더 잘 배웠다. 그 덕분에 엄마와 함께 한국에서 보내준 드라마 비디오를 같이 보고 즐길 수 있었다. 그때 즐겨 봤던 인기 드라마는 〈모래시계〉였다. "나 떨고 있냐?" 같은 말도 그때 배웠다.

여러 명이 함께 텔레비전을 볼 수 있었던 건 목사님이 미국에서 전도 도구로 빔프로젝터를 가져오신 덕분이었다. 그걸로 밤에 거리에서 '예수 영화'를 보여주었다. 그 무렵 몽골에서 예수 영화는 선교에 큰 기여를 했다. 우리는 차에 빔프로젝터와 상영 기기를 싣고 다니며, 거리든 달동네든 초원의 게르 앞에서든, 사람이 모일 수 있고 전기를 끌어들일 수 있는 곳이면 어디든 가서 예수 영화를 상영하고 전도했다. 그래놓고 집에 돌아오면 모래시계 같은 드라마를 보곤 했던 것이다.

최 선교사님의 제자 중에 자매로서 언어에 재능이 있고 특히 한국어 통역에 달인인 다샤(Dashaa)는 우리가 한국 드라마를 볼 때도 중요한 역할을 했다. 대학에서 한국어를 전공하던 다샤가 목사님의 설교를 통역했는데, 드라마 통역도 했던 것이다.

다샤는 대사를 카세트 테이프에 녹음한 다음, 그걸 다시 반복해 듣고 번역해서 몽골어 자막을 만들었다. 그때가 1995년인데, 우리는 다샤가 만든 자막과 비디오 테이프를 몽골 텔레비전에 주어 방송하도록 했다. 요즘 같으면 그렇게 할 수 없겠지만, 그

때는 그게 너무 재미있었고, 한국 드라마를 몽골 사람들에게 소개하고 싶어서였다. 그것이 몽골에서 처음 알려진 한국 드라마가 된 셈이다.

우리가 한국 드라마를 즐기게 된 건 사모님 덕분이다. 사모님은 향수를 달래기 위해 그걸 보셨고, 우리는 재미있다고 봤는데, 지금 생각하니 그건 마치 자식들이 엄마와 함께 좋아하는 드라마를 보는 것과 같았다. 드라마는 주로 아빠보다 엄마와 같이 보지 않는가? 사모님은 밥으로든 드라마로든, 여러 가지를 통해 우리와 진짜 엄마처럼 가까워졌다.

우리가 사모님의 이름을 몰랐을 때 딸들이 부르는 말을 듣고 엄마라고 착각했었다. 하지만 나중에 한국어로 어머니가 무엇인지 엄마에게 물어보고서, 그게 '엄마'인 줄 알고 한참 웃었다. 어쨌든 우리는 계속해서 엄마라고 부르기로 했다. 우리를 정말로 사랑해서 밥을 해주는 엄마이니까. 이제는 우리의 진짜 엄마가 됐으니까 말이다.

아프리카의 어머니로 불리는 매리 슬레서(Mary Slessor)라는 선교사가 계셨다. 1848년 영국 아버딘(Aberdeen)에서 태어나 1915년 나이지리아 칼라바(Calabar, Nigeria)에서 소천하셨다. 아프리카 여성의 인권 향상을 위해 평생 독신으로 헌신하신 분이다. 그 분도 아프리카의 아이들을 먹이고 살리셨다. 정애 사모님은 몽골 교회에게 매리 슬레서 같은 분이다. 나는 진실로 그렇게 생각한다.

누군가 사랑하면 누군가 산다

7. 원더풀 원더풀
아빠의 인생

최순기 선교사님의 생일은 9월 1일이다. 그날은 우리가 정말 잘 먹는 날이었다. 몽골 교인과 교회 지도자들을 비롯해 많이 모일 때는 60-70명이 생일잔치에 모이곤 했다. 교회에서 음식을 마련하고 배불리 먹은 다음에는 노래를 부르고 춤도 추었다. 그러면 선교사님이 항상 노래를 부르셨는데, '아빠의 청춘'이라는 옛날 한국 가요였다. 우리는 우리의 영적 아버지인 최 선교사님의 심정을 그 노래에서 느꼈다. 선교사님은 가사를 약간 바꿔서 부르

원더풀, 원더풀!
2000년 9월 1일, 최순기
선교사님의 생일이었다.

셨다. '박 영감'을 '최 목사'로.

이 세상의 부모 마음 다 같은 마음
아들딸이 잘되라고 행복하라고
마음으로 기도하는 최 목사인데
걱정 말고 굳세게 믿어다오
나에게도 아직까지 청춘은 있다 (헤이)
원더풀 원더풀 아빠의 청춘
부라보 부라보 최 목사 인생

오기택 님이 1964년에 발표했다는 '아빠의 청춘'이다. 우리는
선교사님이 이 노래를 부르실 때 신나게 따라불렀다. 우리에게
최 선교사님은 '아빠'였기 때문이다. 우리가 잘못할 땐 호되게
야단치셨지만, 자상하기로는 육신의 아버지보다 따뜻하셨다.

우리가 만난 한국 선교사님들은 대부분 최 선교사님처럼 자상
하셨다. 반면에 엄하기도 해서 간혹 우리가 오해하기도 했다.

한국 선교사의 성격 덕분에

나의 내 친구들은 최순기 선교사님을 비롯한 한국인 선교사들을
중심으로 교회 사역을 하고 목회를 배웠지만, 대부분의 몽골 교

회 1세대 목사들은 서양에서 온 선교사들과 사역했다. 그 이유는 한국 사람들의 성격과 일하는 스타일이 서양 사람과 달라서, 몽골 사람들이 오해하거나 마음에 상처를 입는 경우가 있었기 때문이다. 이게 한국 선교사에게 문제가 있었다는 말은 아니다. 한국 선교사들이 관계 중심이라면, 서양 선교사들은 상대적으로 사무적이었다는 차이가 있었을 뿐이다. 몽골인이 서양 선교사와 친해지기 어렵고 정도 잘 못 느끼지만, 대신 크게 상처받을 일도 적었다. 그 때문에 성향에 따라 한국 선교사보다 미국 같은 나라에서 온 선교사와 어울리는 걸 좋아하는 몽골인이 있었을 뿐이다. 반면에, 한국 선교사들은 몽골인과 쉽게 친해질 수 있었다.

하지만 몽골인이 잘못하거나 문제가 생기면, 그런 관계가 서로에게 상처를 줄 수도 있었다. 예를 들어, 한국인은 일단 누군가와 친해지면 상대에게 요구하는 것이 많아지는 편이다. 후배나 제자에게는 특히 그런 것 같다. 이건 나 같은 몽골인이 느낀 한국인의 특징이다.

그런데 몽골인의 성격은 한국인과 같지 않다. 요구받은 일을 못 해낼 수 있고, 심지어 하지 말라고 한 일을 반복할 수도 있다. 그러면 한국 선교사들은 매우 속상했을 것이다. 나와 내 친구들도 처음엔 최 선교사님과 사모님을 속상하게 한 적이 많았다. 야단도 맞곤 했다. 선교사님이 우리를 야단치실 때는 무섭기까지 했다. 믿기 어렵겠지만, 한국 아빠와 엄마가 자녀를 훈계할 때처럼 나무로 손바닥을 때리기도 하셨다. 나는 심지어 엄마에게 뺨까지 맞은 적이 있다! 그럴 만큼 내가 잘못했기 때문이다. 그건 우리를 바르게 세우려는 사랑의 매였다. 우리를 자식처럼 생각하셨기 때문이다.

최순기 선교사님은 한국 사람이면서 미국 시민권자이다. 어떤 면에선 미국 스타일이 강한 분이었다. 미국에서 오래 사셨기 때문이다. 딸들에게는 물론이고 우리 제자들에게도 무조건 밀어붙이는 식으로 대하지는 않으셨다. 그런 목사님이 화를 낼 정도로 우리에게 실수와 잘못이 많았던 것이다. 나도 종종 그랬다. 그러면 선교사님이 화를 참기 어려워 정말 때릴 것처럼 주먹을 쥐실 때가 있었다. 그래도 애써 참으시며 이런 말을 하셨다.

"너 이 새끼, 내가 특수부대 출신인 거 알지? 내가 한번 때리면 너 죽어!"

최 선교사님은 우리에게 '이 새끼, 저 새끼' 같은 말을 자주 하셨다. 그건 우리를 진짜 아들처럼 생각해서 그러신 것이지 결코 욕이 아니었다. 그게 한국 사람에게 욕일 수 있다는 것도 처음엔 전혀 몰랐다. 하지만, 화가 많이 났을 때 하신 이 말이 거짓은 아니었을 것이다. 선교사님이 참지 않고 군대에서 배운 대로 하셨다면, 나는 벌써 죽었을지 모른다. 그런 분이 우리를 사랑하셔서 끝까지 참으셨다. 예수님을 생각하지 않았다면 그러실 수 없었을 것이다.

매는 오히려 엄마 선교사님이 가끔 대셨다. 그럴 만치 우리가 자주 잘못했을 뿐이다. 화장실을 더럽게 쓰거나 한 달 동안 먹을 장조림을 한 번에 먹어 치운 실수는 애교 수준이었다. 옛 습관을 못 버려 술을 먹고 교회 오기도 하고, 조직폭력배 소속이었기 때문에 총을 팔던 친구도 있었다.

최 선교사님 때문에 예수를 믿고, 첫 제자 그룹에 포함되었으면서 깡패 그룹을 빠져나오지 못한 친구가 있었다. 깡패 친구들에게 자기는 이제 교회 다니고 선교사님 집에서 산다고 말해도 그를 자꾸 불러내곤 했다. 그들을 떠나려면 빚진 걸 다 갚아야 한다고 했다. 선교사님은 생활비와 선교비도 부족했지만, 그 돈을 구해서 갚아주셨다. 그 친구는 조직을 떠나 우리 교회의 리더가 되었고, 지금은 목사가 되어 사역을 잘하고 있다. 이렇게 선교사님의 도움을 받고 변화된 친구들이 우리 중에 많다.

야단치신 다음에 데리고 간 곳

최 선교사님이 우리를 야단치신 다음에 가끔 하신 일이 있었다. 함께 사우나에 가는 것이었다. 한국 아버지가 아들을 데리고 목욕탕에 가는 풍경을 상상하면 딱 맞다. 다만 그 아들이 무려 8명이나 되었을 뿐이다.

울란바토르에는 러시아 사람들이 만들어놓은 러시아식 사우나가 있다. 목욕을 좋아하신 최 선교사님은 우리를 거기에 데려가곤 하셨는데, 한국식으로 아들들의 등을 닦아주고 자기 등도

새생명을 얻은 사람들
1995년, 군인빌딩에서 예배드리던 날의 새생명교회 교인들. 아래 오른쪽에서 두 번째가 선교사님이
다. 우리는 이곳에서 오래 예배드리지 못했고, 예배당이 생기기까지 자주 옮겨 다녀야 했다.

우리에게 닦아달라고 하셨다. 우리끼리 뜨거운 사우나에 들어가
면 기도하자는 말도 하셨다. 땀 흘리며 기도한 다음엔 이렇게 말
씀하셨다.

"야, 너희들은 예수 믿으려면 이렇게 뜨겁게 믿어야 한다. 차
지도 덥지도 않게, 시시하게 믿으면 안 돼! 이 사우나처럼 뜨거
워야 한다. 알간?"

그렇게 사우나를 하다 보면 어느새 우리는 용서받고 있었다.
우리의 잘못도 깨끗해진 몸처럼 깨끗해진 기분이었다. 언제 혼
이 났는지 다 잊어버리고, 서로 장난치며 웃고 떠들었다.

선교사님은 간혹 우리를 혼낸 후에 뷔페식당에 데리고 가기도

누군가 사랑하면 누군가 산다

하셨다. 잘 먹고, 다음부터 잘하라는 뜻이었다.

1995년 크리스마스 무렵으로 기억한다. 올란바트로에 처음
으로 문을 연 뷔페식당에 우리들을 데리고 가셨다. 선교사님은
"배 터지게 먹으면 좋겠다"고 노래 부르던 우리에게 말하셨다.
"여기선 배 터지게 먹어도 아무도 뭐라 안 한다. 내가 돈을 냈
으니 실컷 먹어라."

우리는 거짓말 같아서 식당 종업원에게 물어보기도 했다. "이
거 다 먹어도 되냐?" 정말로 그러라 하길래, 우리는 무려 3시간
이나 식사를 했다. 최 선교사님은 엄청나게 먹어대는 우리가 흐
뭇하셨는지 "일어나서 운동도 하고 뛰뛰기도 하고, 소화시키고
또 먹으라"고 하셨다. "내일이면 또 배고프다고 하겠지만" 하고
놀리기도 하셨다.

우리는 선교사님이 놀리시든 말든, 정말 운동까지 해가며 고
기 위주로 계속 먹었다. 나중에는 달걀 프라이를 한 사람마다 대
여섯 개나 먹었다. 몽골엔 달걀이 귀해서, 그 식당이 처음부터
내놓지 않은 것이다.

최 선교사님은 우리를 야단치신 다음, 이렇게 사우나든 식당
이든 데리고 가셔서 우리를 달래고 위로하셨다. 사우나 하듯 나
쁜 기억은 씻어버리고, 밥 배불리 먹고 힘을 내 새롭게 시작하라
고 격려하셨다. 용서하고 이해하며, 세워주고 힘을 주는 사랑이
었다.

이해하고 용서하신 사랑 때문에

어느덧 내 나이가 최 선교사님이 우리를 만나러 몽골에 오셨던 나이에 가까워지고 있다. 내 큰아들은 내가 방황하다 예수를 믿을 때의 나이가 됐다.

예수를 믿은 지 30년쯤 되었고, 사역을 하다 보니 깨닫는 것은, 내가 결코 잘난 것이 없다는 사실이다. 나는 실수와 잘못이 더 많은 것 같은데, 예수님의 은혜로 용서받아 살고 있다. 이건 우선 최 선교사님이 나를 참아주셨기 때문이고, 주님께서 오래오래 참아주셨기 때문이라고 생각한다. 감사하지 않을 수 없다.

우리의 영적 아버지는 항상 우리를 이해하고 용서하셨다. 실수해도 믿어주고 다시 세워주셨다. 그 덕분에 우리는 지금 몽골에서 지도자들이 되어 있다. 우리가 그런 사랑과 용서를 받았기 때문에, 지금의 다음 세대가 간혹 실수해도 아버지의 마음으로 이해하고 용서할 수 있다. 나는 최 선교사님이 하셨던 대로, 지금의 내 목회와 사역에 용서와 사랑을 적용하려 노력한다.

누군가 사랑하면 누군가 산다

8. "먹어봐야 맛을 알지? 하나님도 그래"

새생명교회에는 몽골에서 가장 추운 1월에 하는 독특한 신앙 전통이 두 가지 있다. 하나는 얼음을 깨어 침례를 하는 것이고, 둘은 눈 속에서 기도하는 것이다. 이 두 가지는 체험적 신앙을 강조하신 최 선교사님 때문에 만들어진 것이다.

기온이 영하 30도 이하일 때 얼음물에 들어가 침례를 받는 건 주로 남자들이다. 물론 보통은 교회에서 장로교 방식으로 물을 찍어 머리에 묻히는 세례를 하고 있다. 하지만 남자들 중에는 겨울에 얼음물 침례를 받고 싶어하는 사람이 간혹 있다. 추운 날, 강에 가서 얼음을 깨고 침례를 받아본 사람은 자부심을 느끼고, 그 체험을 자랑하기도 한다.

눈 속에서 하는 산기도

겨울이면 몽골의 도시는 영하 30도까지 내려가고, 눈이 쌓인 산에 가면 영하 40도에서 50도 이하가 되기도 한다. 그렇게 춥고 눈이 쌓인 산에 가서 기도하는 걸 우리는 '산기도'라고 부른다. 한국 교회에서 말하는 산기도와 말은 같지만, 상황은 전혀 다르다.

우리는 산에 있는 게르 교회에서 우선 고기를 나눠 먹은 다음 밤늦도록 기도한다. 그리고 밤 12시부터 새벽 두세 시까지, 가장 추울 때 몇 명씩 그룹을 지어 눈이 쌓인 바깥에서 기도한다. 그것이 바로 '몽골식 산기도'이다.

'산기도'를 하러 나가기 전에 먼저 뜨겁게 예배를 드린다. 그리고 기도하러 나가기 전에 이렇게 말한다.

"여러분 뜨겁습니까? 그러면 여러분 마음에 성령의 불이 있습니다. 지금 바깥은 영하 40도로 아주 춥습니다. 이제 여러분이

몽골식 산기도
영하 30~40도의 혹한, 눈이 쌓인 야외에서 기도하기를 가르치셨다. 우리는 이걸 '산기도'라 부른다. 추위에서 살아나기 위해 몸부림치듯, 진실로 뜨겁게 기도하라는 뜻이었다.

누군가 사랑하면 누군가 산다

나가서 한 시간 동안 눈 속에서 기도할 겁니다. 그런데 이런 데 나가서 기도하면 죽겠습니까? 살아남겠습니까?"

이런 산기도에 처음 온 사람들은 설마 진짜 그렇게 기도하겠나 싶어 의심하고 웃기도 한다. 그러면 이렇게 말해준다.

"우리가 따뜻한 곳에서 편안하게 기도할 때처럼, 그냥 눈만 감고 점잖게 기도하면 이런 데서는 다 죽습니다. 반드시 죽어요. 하지만 눈밭에 나가서 무릎 꿇고 몸부림치며 주님을 크게 외치면서 기도해보세요. 마음과 온몸과 정신을 다해서, 정말 야곱이 한 것처럼 씨름하며 기도하면 죽지 않습니다."

'몸부림치며 기도하기', 사실 이건 최 선교사님의 기도 스타일이었다. 본인도 새벽기도를 할 때마다 '산기도' 할 때처럼 무릎 꿇고 몸부림치며 기도하셨다. 그럴 때면 얼굴을 땅에 대고 위아래로 흔드셨다. 그러면 당연히 몸도 흔들렸다. 어떤 때는 얼굴이 땅바닥보다 더 내려가는 것 같다고 하셨다. 그러면서, "내가 이 땅을 파고 더 내려가면 좋겠다는 심정으로 기도한다"고 하셨다.

나도 처음으로 산기도를 하러 나갔을 때 죽을까 봐 두려웠다. 하지만 몸부림치며 기도하니까 한 시간이 금방 지나가는 것 같았다. 오히려 땀이 났다.

눈 속에서 산기도를 체험한 사람은 모두 '뜨거운 기쁨'을 느꼈다. 몸도 의외로 뜨거워졌지만, 가슴이 뜨겁고 불이 난다는 사람도 있었다. 그것은 선교사님이 말하신 '뜨거운 기도를 체험하는 것'이기도 했다. "우리는 순수하고 뜨겁게 하나님을 경험해야 한다"라고 항상 말씀하셨는데, 기도도 그렇게 경험하라는 뜻이었다. 새생명교회는 이런 기도를 하면서 하나님을 경험할 수 있었다. 그래서 나는 외국에 나가서 만나는 분마다 이 기도를 소개한다.

"여러분, 이런 추위에 밤에 나가 한 시간 눈 속에서 기도하면 죽겠습니까? 살겠습니까? 몸부림치며 기도하면 삽니다. 죽지 않고 살아남아서 꼭 하나님을 만납니다. 그러니까 아직 하나님을 인격적으로 만나지 못한 분이 있다면 몽골에 와보십시오. 이왕이면 추운 겨울에 와서 저희와 같이 눈 속에서 기도해보세요. 하나님을 꼭 만나게 되실 겁니다."

최 선교사님이 눈 속에서 산기도를 하게 되신 건, 그가 몽골에 전임 사역을 하러 온 때가 여름이 아닌 겨울이기 때문 같다. 몽골의 겨울이 너무 춥고 길어서 힘들었다고 하셨다. 국물이 뜨듯한 한국 음식이 그리워도 먹을 수 없었고, 가뜩이나 혼자 오신 거라 고독과 추위를 더 타야만 했다. 그래서 몸부림치며 기도하지 않으면 도무지 살 수 없었던 것이다. 눈 속에서 하는 산 기도는 선교사님의 그런 상황에서 시작된 것이다. 고난을 마주하면서 몸부림치고, 하나님의 역사를 경험하지 않으면 견딜 수 없는 것이 최순기 선교사님의 체험 중심 신앙이었다.

누군가 사랑하면 누군가 산다

하나님을 직접 맛보라

나는 2003년에 최 선교사님을 따라 한국에 갔을 때 강원도 바다에 몸을 담가본 적이 있다. 나는 결혼한 이후였는데, 사역자들의 아내와 가족까지 가기는 어려워서, 선교사님이 나와 가나 전도사를 비롯한 8명의 초기 사역자들만 데리고 간 여행이었다. 우리가 최 선교사님이 태어난 한국과 한국 교회를 직접 보면 좋겠다는 뜻이었다. 그때는 사모님도 같이 오셨다. 한국에 온 우리는 최 선교사님이 간증하러 다니는 교회마다 따라다녔고, 한국 교회가 예배드리는 모습을 보았다. 그때가 11월 말에서 12월 사이, 한국의 초겨울이었다. 몽골에 비하면 춥지 않았다. 비록 여름은 아니지만, 그래도 이왕 한국에 왔으니 우리가 바다를 보면 좋겠다고 선교사님이 말씀하셨다. 그래서 강원도에 간 것이다.

처음 본 동해의 바다는 파도가 높았고 끝이 보이지 않았다. 기분이 어떠냐고 물으시는데, 우리는 표현할 말이 없었다. 그냥 기분이 너무 좋다고만 말했다. 그러자 선교사님이 말씀하셨다.

"너희들이 태어나서 처음으로 바다를 봤으면 보기만 할 게 아니라 직접 체험도 해봐야 할 거 아니냐? 좀 추워도 다들 옷 벗어라. 속옷은 입고."

우리는 몽골 사람이라서가 아니라, 사실 최 선교사님 때문에도 웬만한 추위는 거뜬히 견딘다. 겨울이면 영하 30도에서 40도 이하가 되는 몽골 야외에서 한 시간씩 통성기도를 하도록, 이른바 '산기도'를 시킨 적이 있었기 때문이다. 그러니 한국의 초겨울 바다쯤은 우리에게 말 그대로 '이쯤이야'였다. 다들 겁도 없이 옷을 벗었다. 목사님도 겉옷을 벗고 우리와 함께 바다에 뛰어들었다. 생각보다 차갑고 추위가 금세 몰려왔지만, 우리는 처음 바다를 느낀 것이다. 마냥 즐거웠다. 멋도 모르고 물을 먹었다가 짜다고 "퉤퉤" 하며 내뱉기도 했다. 그렇게 바다에 들어갔다가 모래사장에서 몸을 닦는데, 선교사님이 우리에게 물으셨다.

"어때? 처음 바다에 들어갔다 온 기분이."

우리들의 대답은 신기하게도 똑같았다. "짜요!"

한국 사람이라면 "으, 추워!" 했을 텐데 몽골의 산기도에 비하면 아무것도 아니었고, 강물 정도만 알던 우리가 바닷물이 짜다는 걸 처음 맛본 것이 더 신기했던 것이다.

"알았지? 바닷물이 짜다는 걸. 너희들이 이제야 바다가 뭔지 진짜 안 거야! 이런 게 바로 하나님을 경험한다는 말과 같은 거란다. 바다가 눈으로만 보면 물이 많고 넓기만 하지만, 그 맛은 직접 들어가 보지 않으면 영영 모르는 거거든. 우리는 하나님도 그렇게 경험하고 알아야 해."

그때 우리는, 평소에 목사님이 설교하실 때마다 하나님을 경험하라, 하나님을 직접 만나 맛을 보라고 하신 말씀의 의미가 무엇인지 확실히 알게 되었다. 하나님은 머리로만 아는 게 아니고, 눈으로 겉만 봐서도 아는 것이 아니라는 말씀이었다. 맛보아야 진짜 아는 것이 신앙이다.

예수 믿는 건 신나는 거다

바다 물맛을 본 다음, 최 선교사님이 교회를 시작하자마자, 매주 목요일에 성경을 가르칠 때의 일이 생각났다. 강의를 시작하면서 치약 비슷해 보이는 걸 꺼내셨다. 한자 같은 글씨가 쓰여 있는데, 그건 일본어였다. 선교사님은 "일본 사람들이 생선을 먹을 때 묻히는 소스 같은 건데, 맛 좀 보겠냐"고 물으셨다. 우리는 그게 뭔지도 모르고, 외국 소스를 맛보게 해주겠다니 그저 좋다고, 서로 먼저 달라고 손을 들었다. 선교사님은 의미심장한 미소를 지으시더니, "많이 먹고 싶은 사람은 손을 더 높이 들라"고 하셨다. 그런 친구에게는 많이 짜주고, 조심스러워하는 친구에게는 살짝 조금만 짜서 손가락에 묻혀주셨다. 어떤 친구는 선교사님이 주셨던 다른 음식처럼 맛있는 건 줄 알고 좀더 달라고 해서, 아예 한 번 더 짜주기도 하셨다.

"자, 이걸 이제 입에 넣어 먹어보는 거다. 시이작!"

아뿔싸! 그건 와사비였다. 녹색이라 치약 같은 맛이 날 줄 알았는데, 그 맵고 알싸함이란! 우리가 그걸 맛보고 웩웩거리며 뱉어내자, 선교사님은 재미있다고 깔깔대며 웃으셨다. 먹는 걸로는 우리를 처음 놀리신 거라 황당하고 원망스럽기까지 했다. 초콜릿을 주실 때는 좋았는데, 이게 무슨 장난인가 싶어 살짝 화도 났다. 많이 먹은 친구는 양치질까지 해야 했다. 선교사님은 장난이었다고 미안해하며, 그렇게 한 이유를 설명하셨다.

"봐라. 이게 와사비란 건데, 생선회를 먹을 때 간장과 함께 찍어 먹는 것이다. 매워서 일본 사람도 아주 조금만 묻혀서 먹는 거야. 대신 비릿한 생선 맛을 잡아주지. 회도 너희들이 언젠가 먹어볼 기회가 있겠지만, 좌우간 와사비도 먹어봐야 맛을 아는 것처럼, 하나님을 안다는 것도 이런 거란다."

최 선교사님은 하나님을 아는 것, 즉 하나님을 아는 지식이 무엇인지를 늘 그런 식으로 설명하셨다. 성경을 지식 강의하듯 가르치신 것이 아니었다. 자신이 삶으로 경험한 것만으로 설명하셨다.

그 목요일에 와사비로 하나님을 경험(?)한 친구들은 지금 다 몽골의 교회 지도자들이 돼 있다. 선교사님의 설교는 항상 그렇게 단순하고 비유가 명확했다. 경험한 이야기이기에 진실이 느껴졌다. 그래서인지 감동이 있고 깊이가 느껴졌으며, 우리들 가슴에 오래 박혔다. 선교사님의 말씀 한마디 한마디가 아직도 잊히지 않는다.

"신앙생활도 재미있게 해야 해! 와사비 먹고 좀 매웠지만 재미는 있었지? 이게 신앙생활이야. 얼마나 익사이팅하고 좋냐? 예수 믿는 건 신나는 거다."

그러시곤 호탕하게 웃으시던 음성이 지금도 쟁쟁하다.

누군가 사랑하면 누군가 산다

3.

사람을 바꾸는
찬란한 열정

9. '사랑과 결혼'이라는 이름의 순종 시험

나는 몽골에 온 한국인 여자 선교사를 좋아했다. 그 분은 나보다 몇 살 위였는데, 나는 처음으로 이성에 대한 감정을 느꼈다. 그 분도 나를 좋아해주었다. 그때 내 나이는 24살이었다. 그건 내 인생에서 처음 겪는 큰 시험이었다. 하나님의 사람으로서 하나님의 뜻을 따를 것이냐, 아니면 내가 원하는 것을 이루려 하느냐는 시험이었다.

결혼하고 싶다는 생각이 들었다. 육신의 아버지는 계셨지만 같이 살고 있지 않았고, 영적 아버지이자 친아버지나 다름없던 최 선교사님에게 먼저 말씀드렸다.

"이 사람을 좋아합니다. 결혼하고 싶습니다."

선교사님의 답은 뜻밖이었다.

"안 된다!"

왜 반대하시는지 물었다. 답은 이것이었다.

"두 가지다. 첫째는 네가 내 제자이면서 아들처럼 귀하게 여기니까 내가 이 결혼을 할지 말지 기도해봤는데, 아닌 것 같다.

너는 하나님이 선택한 사람이니까 결혼도 마음대로 해선 안 된다. 하나님이 준비하신 사람과 해야지, 너 좋다고 하는 거 아니다. 둘째는 네가 몽골 사람이고 앞으로 몽골에서 계속 사역해야 하니까, 몽골 사람과 결혼하는 게 좋겠다."

한국 사람이라면 아버지의 말이니까 들어야 한다고 생각할 것이다. 하지만 몽골 사람들의 결혼 문화는 그렇지 않다. 의외로 서양식이고 개방적이다. 지역은 아시아에 속해 있지만, 오랜 세월 러시아 영향을 받아 그런지 결혼할 때 부모에게 묻거나 허락을 받을 필요가 없다. 그냥 자기들끼리 좋으면 결혼한다. 하지만 나는 나도 모르게 한국 사람을 닮아가기 시작했던 것 같다. 그래서 아버지에게 먼저 말해본 것인데, 뜻밖에 반대를 받고 당황했다. 게다가 기도해보니 아니라고 하지 않으시는가!

문화 차이의 갈등

몽골 사람과 한국 사람의 문화 차이로 몽골 교회와 선교사들 사이에 갈등이 있을 수 있다. 그런 점에서 내가 결혼 의사를 밝힌 것도 최 선교사님과 갈등을 겪을 수 있는 일이었다.

문화 차이에서 온 갈등의 대표적 예로 이런 일을 들 수 있다. 몽골 초원에서는 주로 게르 교회를 짓는다. 초원이 많기 때문이다. 몽골의 전통은 게르를 지을 때 문이 항상 서쪽을 향한다. 저

누군가 사랑하면 누군가 산다

녁에 문을 열면 해가 지는 게 보여야 하기 때문이다.

우리 새생명교회가 어느 지방에 게르 교회를 지을 때, 교회 부지에 게르 위치를 잡고 보니 마당이 북쪽이었다. 우리는 비록 출입구 앞이 비좁더라도, 전통에 따라 서쪽에 출입구를 만들기로 했다. 그걸 최 선교사님과 사모님이 이해하지 못했다. 말다툼까지 했다. "어떻게 교회 출입구를 마당 쪽으로 내야지, 굳이 좁은 옆길로 들어가게끔 만드느냐?" 아무리 문화 차이라지만, '상식적'이지 않다는 의견이었다. 그 '상식'이라는 것 자체가 문화였고, 차이가 있을 수밖에 없다. 우리는 "이건 단순한 몽골의 전통"이라고 설득했다. 결국 서쪽에 문을 냈다.

내 결혼도 게르 서쪽에 문을 내는 것처럼, 몽골 사람 마음대로 진행할 수 있었다. 나는 아버지에게 게르 교회의 서쪽 문을 낼 때처럼 설득했다.

"아버지, 나는 몽골 사람입니다. 내가 선교사님을 정말 아버지처럼 존경하지만, 결혼만큼은 내 마음대로 하면 좋겠어요."

선교사님은 여전히 강하게 반대하셨다. 나는 섭섭했지만, '부모님'의 허락과 축복을 받고 결혼하고 싶었기 때문에 몇 달이나 갈등하고 서로를 설득하는 시간을 보내야 했다. 그러는 사이에, 사역 기간을 마친 한국인 여자 선교사는 서울로 돌아갔다. 그래도 나는 이 결혼을 포기하고 싶지 않았다. 서울로 따라갔다. 영적 아버지와 어머니 말을 듣지 않은 것이다. 어머니는 내가 말을 듣지 않고 서울에 가겠다고 고집을 부리자 울기까지 하셨다.

그건 마치, 친아들이 반대하는 결혼을 고집할 때 속이 상해 우는 친엄마 같았다.

내가 '어머니'의 속을 상하게 해드린 건 그때가 처음이 아니었다. 사모님이 오셨던 첫해인 94년 어느 주일에 전도집회를 열기로 했는데, 그날 내가 중요한 순서를 맡기로 예정돼 있었다. 그런데 하필 내가 무슨 일이 생겼다고 행사에 빠졌다. 당연히 집회에 문제가 생겼다. 다음날 나를 본 최 선교사님이 나무라셨고, 사모님도 야단치셨다. 나는 아버지에겐 대들지 못하면서 어머니에겐 대드는 아들처럼 사모님에게만 대들었다. 그러자 사모님이 화가 많이 나셨는지 그날은 내 뺨을 때리셨다. ('엄마'에게 뺨을 맞은 것이 바로 이 일이다.) 나는 밖으로 나가버렸다.

'왜 한국 사람이 나를 때리는가?'

생각하면 할수록 화가 나고 섭섭했다. 그러다 문득 이런 생각이 들었다.

'내가 잘못했다고 친엄마가 나를 때린 적이 언제였더라? 나는 맨날 싸돌아다니며 사고만 쳤는데, 우리 엄마도 나를 보고 속상해서 울기만 하셨지 때리지는 않으셨는데…. 아, 그렇다! 아버지가 엄마와 이혼하고 나를 버렸기 때문에 내가 아버지한테 맞아본 기억이 없구나. 친엄마도 내가 고아 같다고 불쌍해서 때리지 않으셨던 것이다.'

문득 사모님이 나를 때린 것이 사랑으로 느껴졌다. 나를 정말 친아들처럼 생각하기 때문에 그러신 것이다. 그걸 깨달은 다음,

누군가 사랑하면 누군가 산다

나는 집에 돌아가 잘못했다고 사과했다. 그리고 감사하다는 말
도 했다. 그러자 오히려 선교사님들이 우셨다. 그런 분들이 반대
한 결혼이었다. 그래도 나는 서울로 가서 결혼하겠다고 우겼다.
최 선교사님은 그런 내게 말씀하셨다.

"이건 네가 내 말을 안 듣는 게 아니라, 하나님의 말씀을 안 듣
는 것이다."

결혼식을 하루 앞두고

한국에 따라오니 좋았다. 자매의 부모님도 나를 좋아해주셨다.
결혼을 허락받고 날도 잡았다. 짐을 자매 집에 맡겨두고서 결혼
식 준비를 시작했다. 그런데 이상하게도 내 마음이 편하지 않았
다. '이래도 되는가' 싶어서 기도하면 마음속이 전쟁터였다.

결혼식을 약 보름 앞둔 날, 최 선교사님이 한국에 오셨다. 사
역 때문에 오신 김에 나를 찾으셨다. 하시는 말씀도 변함이 없었
다. 나 때문에 마음이 많이 아프다고, 묵고 있는 호텔 연락처를
주면서 언제든지 연락하라고 하셨다.

결혼식은 6월 5일로 정해졌다. 내 마음속에 결혼하고 싶은 뜻
은 변함없었지만 갈등도 여전했다. 6월 4일, 결혼식을 하루 앞둔
금요일이었다. 그날 밤은 잠이 오지 않았다. 선교사님이 하신 말
이 생각나서 밤새 잠을 못 잤다. 아침 일찍 거리로 나가 공중전

화로 호텔에 전화를 했다. 점점 불안해지고, 결혼해선 안 될 것 같다는 생각이 들었기 때문이다. 마침 선교사님이 나가기 직전이라 전화를 받으셨다. 단호하게, 내게 말씀하셨다.

"너 그 집에서 나와라. 지금 나오면 그 여자랑 많은 사람을 아프게 하겠지만, 나중에 더 아프게 하기 전에 지금 나가는 게 낫다."

나는 신부 화장을 하고 있는 그녀를 찾아가 어렵사리 말을 꺼냈다.

"우리가 결혼할 때까지 같이 기도하자고 이야기하지 않았습니까? 어제도 그랬고, 오늘도 새벽에 생각해보니까 내 마음이 정말 힘들어요. 이 결혼을 못 하겠습니다. 미안합니다."

결혼식을 불과 몇 시간 앞두고 파혼을 선언한 것이다. 그래놓고 나는 서울 지리도 모르면서, 한 시간 넘게 무작정 거리를 쏘다녔다. 뛰면서 울기도 하고, "하나님 잘못했어요" 하는 회개 기도도 했다.

한참을 울며 다니다 보니, 문득 선교사님을 찾아가야 한다는 생각이 들었다. 그날 선교사님이 새벽부터 지방에 갔다가, 저녁 6시면 영락교회의 선교관에 돌아오실 거라고 한 말이 기억났다. 하지만 토요일 아침부터 돌아다니기만 하던 나는 내가 어디에 있는지 알 수 없었다. 두리번거리니 멀리 교회가 보였다. 교회에 물어보면 영락교회로 가는 길을 알려줄 것 같았다. 목사님을 찾았다. 그 교회 목사님이, 몽골 사람이 교회를 찾으니 이상했겠지

누군가 사랑하면 누군가 산다

만, 택시를 잡아주면서 영락교회로 나를 데려다주라고 기사에게 부탁하셨다. 영락교회에 도착한 나는 6시가 될 때까지 교회 마당에서 목사님을 기다렸다.

그날 12시에는 원래 결혼식을 해야 했었다. 하지만 점심도 거르고 종일 서울 거리를 쏘다녔으니 내가 한심했고 슬펐다. 처량한 심정으로 한참을 기다리니 최 선교사님이 보였다. 나는 바로 뛰어가 선교사님 품에 안겼다. 선교사님도 나를 안았다. 둘이서 한참을 울기만 했다. 나는 그 순간, 내가 마치 돌아온 탕자 같다는 생각을 했다.

그 여자 선교사의 부모는 예수를 믿는 분들이 아니셨다. 그럼에도 불구하고 딸과 몽골 사람의 결혼을 허락했던 것이다. 결혼한다고 하니 친척과 친구들도 그날 많이 불렀을 것이다. 그런데 신랑이 아침에 파혼하고 사라졌으니 얼마나 황당하고 화가 났을까? 실례도 그런 실례가 없었다.

잃어버린 양 한 마리처럼

나는 그 뒤 며칠간 미안하고 겁이 나서 짐을 두고 나온 그 집에 연락할 수 없었다. 밥도 못 먹겠고, 며칠 동안 배탈이 나서 설사만 했다. 그러는 동안, 선교사님은 나를 격려하고 위로하셨다. 결혼식을 하지 않고 돌아온 날도 그랬고, 몽골에 돌아온 다음에도 선교사님은 이런 말로 나를 다독이셨다.

"젊었을 때는 실수할 수 있다. 네가 사람들 마음을 아프게 했지만, 결혼했다면 더 아프게 할 수도 있었어. 네가 누군가를 사랑하고 결혼하고 싶었던 건 잘못이 아니야. 다만 이해할 것은, 너는 하나님의 사람이니까 네 인생은 네 것이 아니라는 거야. 너는 절대로 하나님께 순종하고 살아야 한다. 이제 다시 시작하면 돼. 이번 일을 통해서 그걸 배워라. 그리고 나는 너를 친아들처럼 생각하니까 더 반대했던 거야. 어쨌든 이젠 괜찮아."

그러시면서, 큰딸이 결혼하려고 했을 때 반대했던 일을 들려주셨다.

"크리스틴이 어떤 남자를 좋아한다고 말했을 때, 만일 아빠가 반대한다면 결혼하지 않겠다고 했지. 우리는 아빠하고 딸이니까. 너도 내 친아들처럼 생각하니까 그랬다. 이해해라."

나는 그 말을 듣고 완전히 회복되어 다시 교회 사역에 집중할 수 있었다. 최 선교사님의 용서와 사랑이 없었다면 그렇게 할 수 없었을 것이다. 그리고 내가 더 이상 선교사님의 결혼 반대를 오해하지 않게 된 건, 그게 선교사님이 충분히 기도하고 받은 응답이었기 때문이다. 그 분이 진정한 기도의 사람이라는 걸 나는 잘 알고 있다.

최 선교사님은 몽골에서 교회를 시작할 때부터 새벽기도를 하셨다. 나는 그것 때문에 처음엔 화가 나기도 했다. '무슨 기도를 새벽에도 해야 해? 새벽엔 잠을 자야지, 낮에도 기도하고 저녁

에도 기도할 수 있는데, 왜 굳이 새벽에 힘들게 기도하지?'

선교사님은 기도할 때는 늘 그러셨지만, 특히 새벽에 기도할 때는 기도 방석을 놓고 무릎을 꿇고 기도하셨다. 그런 기도의 사람이 내 결혼을 놓고 기도할 때 아니라는 응답을 받으셨다니까, 그것이 선교사님의 결혼 반대에 내가 순종한 첫째 이유다. 내겐 영적 아버지 같은 분의 반대이니까.

둘째 이유는, 내가 하나님이 선택한 하나님의 사람이라는 정체성을 갖게 됐기 때문이다. 따라서 결혼 같은 인생에서 중요한 일은 자기 마음대로 선택해선 안 된다는 선교사님의 말씀에 순종할 수 있었다.

영락교회의 어떤 장로님을 최 선교사님과 함께 만난 때가 아마 그 무렵이었던 것 같다. 장로님의 사무실에 같이 방문했는데, 내가 누구냐고 장로님이 물어서 나를 소개하다가, 이번에 결혼하러 왔다가 파혼하게 됐다는 이야기까지 하셨다. 그러자 장로님이 나를 보는 눈길이 곱지 않았다. "어떻게 저런 사람을 데리고 다니느냐"는 흉까지 보셨다. 나는 몸 둘 바를 몰랐다. 선교사님을 창피하게 만든 것 같아서였다. 나는 조금 멀찍이 떨어져 앉아 있었는데, 두 분이 말다툼까지 하시는 것 같았다. 아마 그 장로님은 내가 한국 말을 못 알아듣는 줄 아셨나 보다. 그때, 선교사님이 큰 소리로 이런 말을 하시는 게 들렸다.

"장로님! 나는 잃어버린 양 한 마리를 찾으러 다니신 주님의 마음으로 선교하고 있는 선교사입니다. 비록 뭉호가 아직 어려서 실수는 했지만, 내 아들 같은 사람입니다. 아들은 실수해도 아버지가 품어야 하잖아요. 그리고 나는 우리 몽골의 모든 교인들을 끝까지 사랑할 겁니다. 뭉흐처럼 잘못해도요."

잃어버린 양 한 마리를 찾는 심정

한국을 떠나기 전에, 결혼하려던 그녀가 연락해왔다. 내 여권과 짐을 가지고 있었기 때문에, 마음은 몹시 힘들었지만 나를 용서하고 돌려주려는 것이었다. 그녀의 부모님은 당연히 화가 나고 실망하고 계셨다. 특히 그녀의 아버지는 최 선교사님을 나의 양아버지로 알고 있었기 때문에, 이 결혼을 최 선교사님이 반대했다고 알고 계셨다. 나는 미안하다는 말밖에 할 말이 없었다.

나는 몽골로 돌아가기 전에 여자의 부모님께 전화해서 용서를 구했다. 그 분들은 나는 이해할 수 있어도 결혼을 반대했다는 '몽골의 한국 목사'는 이해할 수 없다고 하셨다. 선교사님은 오해를 감수하고 그 결혼을 반대하셨던 것이다.

그로부터 2년쯤 지나, 나를 문제아로 여기셨던 장로님께서 몽골을 방문하셨다. 그 분은 최 선교사님을 후원하는 친구 같은 분이셨다. 그때 나는 신학을 공부하고 있었고, 새생명교회의 찬양 인도자로서 착실하게 신앙생활을 하고 있었다. 예배에서 그런 내 모습을 본 그 장로님이 나를 격려하시며 선교사님에게는 사과하셨다.

"이렇게 훌륭한 사역자가 될 사람인데 내가 오해했습니다. 미안합니다. 지금 보니 최 선교사님이 왜 그러셨는지 이해가 됩니다."

나는 장로님의 격려를 들으면서 다시 깨달았다. 진짜 예수님의 마음을 아는 것은 나 같은 잃어버린 양 한 마리를 찾는 심정으로 용서하고 이해하고 참는 것임을…. 그 장로님도 몽골에 오셔서 최 선교사님의 마음을 이해하게 되었다고 말씀하셨다.

10. "내가 안다, 네게 사랑이 없다는 거"

최 선교사님은 우리 몽골 사람들만 사랑하신 게 아니었다. 그 무렵 몽골에 온 한인들도 많이 사랑하셨다. 그는 중년의 나이에 목사 안수를 받고 선교사로 왔기 때문에, 당시 한국인 선교사들과 교포 중에서는 나이가 가장 많았다. 당연히 큰형님이나 삼촌 노릇을 하셨다. 그것도 아주 잘 하셨다. 선교사님은 몽골 현지의 한인선교사협의회 회장도 역임하셨다.

선교와 사업차 몽골에 온 한국인 남자들은 보통의 한국 사람들처럼 모이면 공차기를 좋아했다. 족구나 풋살 수준의 축구를 한 것이다. 그걸로 향수를 달래고 스트레스도 풀었다. 경기를 한 다음엔 저녁을 먹으며 어려운 사정을 말하고 기도하기도 했다. 매일 모일 수는 없으므로 주로 주일 오후에 모였는데, 그 모임의 중심은 언제나 최 선교사님이었다.

최 선교사님은 모임에서 나이는 가장 많았지만, 공 다루는 솜씨만큼은 젊은 사람에게 절대 지지 않았다. 젊은 사람보다 훨씬 적극적이었다. 그래서 모임에 온 사람들은 모두 선교사님과 운동하기를 즐거워했다. 공을 찰 때 소리 지르기는 언제나 최 선교사님이 최고였고, 분위기를 돋우는 역할 역시 대개 선교사님 몫이었다.

최순기 선교사님과 함께 운동 모임에 참가했던 어느 한인 선교사에게 들은 이야기가 있다. 모임에 왔던 한 후배 선교사가 어려운 경제 사정을 말했다고 한다. 한국에서 후원이 끊어져 선교비는커녕 아파트 비용도 낼 수 없게 됐다는 것이다. 그 문제를 기도제목으로 삼고 기도하고 그날은 헤어졌는데, 다음에 만날 때 최 선교사님이 "요즘은 어때?" 하고 물으시더니 슬그머니 봉투를 내미시더란다. 봉투에 든 게 딱 아파트 임대비에 해당하는 큰돈이었다고 한다. 공 찰 때만 큰형님 노릇을 한 게 아니셨던 거다.

이 운동 모임은 최 선교사님이 돌아가신 다음에 재몽골한인축구대회로 발전했는데, 그들이 지은 대회 이름은 '최순기 선교사 배 축구대회'다.

이번에는 엄마 아빠 말 듣기로

운동 모임에는 최 선교사님과 친하게 지내신 아멘교회 안교성 선교사님도 오셨다. 이 두 분은 1995년에 몽골연합신학교를 같이 시작하기도 했다. 두 분이 공을 차던 어느 날, 그날따라 최 선교사님이 미소 가득한 표정으로 저녁에 나를 부르셨다.

"뭉흐야, 안 선교사님 교회에 괜찮은 자매가 있단다. 네가 만나봐도 좋을 것 같다."

기도뿐 아니라 사람 보는 눈도 예사롭지 않은 최 선교사님이 안 선교사님의 교회에서 직접 자매를 봤다고 하셨다. 그 자매는 한동안 최 선교사님 옆집에 청소 아르바이트를 하러 왔던 사람이었다.

"내가 보니 진짜 순수하고 착한 사람이다. 지금 그 교회 전도사인데, 믿음은 말할 것도 없다. 우리 옆집에서 일도 잘해서 그 집주인 양 사장이 신학교 장학금도 주지 않았냐? 네가 우리집에서 찬양하는 소리도 들었나 보던데, 너를 아는 것 같더라."

그녀는 아멘교회의 여성 사역자로서 몽골연합신학교의 첫 학생 중 하나이기도 했다. 그 자매가 안 선교사님의 소개로 최 선교사님의 옆집에 사는 한국인 사업가의 파트타임 청소부가 된 것이었다. 성이 양 씨였던 그 집주인은 자매가 성실하게 일할 뿐 아니라 신학 공부를 한다는 말을 듣고 4년간 연합신학교의 등록금을 주었다. 그 자매가 옆집에서 청소하다가 나의 찬양 소리를 종종 들은 것이다.

내가 그 자매, 그러니까 내 아내를 만났을 때, 아내는 나를 배우자로 점찍고 기도했었다고 말했다. 그 말을 듣고 나는 그 앞에서 얼굴 표정이 일그러졌다. '네 기도 때문에 내가 하려던 결혼을 못 하고 말았다'는 철없는 생각을 했기 때문이다. 알고 보니 하나

누군가 사랑하면 누군가 산다

님이 내 결혼 기도에 응답하신 게 아니라, 아내의 기도에 응답하신 것이 아닌가! 하나님이 내 기도는 안 들으시고, 나는 전혀 몰랐던 다른 자매의 기도를 들었다는 게 왠지 섭섭했다. 아내를 처음 만난 날, 나는 아내의 마음도 생각하지 않고 나와버렸다.

하지만 선교사님과 사모님은 그 자매가 너무 좋은지 다시 만나보라고 내 등을 계속 떠미셨다. 이전에 반대하던 것과 완전히 반대였다. 나는 이번엔 내 생각과 감정보다 기도하는 영적 부모님의 말씀에 귀를 기울이기로 했다. '목사님은 기도하는 분이니까, 하나님의 음성을 듣고 하시는 말씀이니까' 순종하기로 결심한 것이다. '성경을 보면 구약의 인물들은 하나님의 선지자인 스승의 말이라면 다윗처럼 왕이 되었어도 순종하지 않았는가? 더구나 나를 사랑하는 영적 부모가 기도하고서 하시는 말씀인데, 나라고 그걸 왜 못 믿겠는가?' 하는 생각이었다.

2002년, 그 자매와 결혼했다. 결혼식을 할 때, 아버지는 두 가지가 기쁘다고 하셨다. 하나는 "뭉흐가 하나님의 뜻을 따라 순종해서 결혼했다"는 것이고, 다른 하나는 "결혼식 때 아버지가 좋아하는 '할렐루야' 찬양을 결혼행진곡 대신 '틀었다'는 것"이었다.

나는 최 선교사님이 좋아하실 줄 알고, 신부가 입장할 때 헨델의 메시야 중 할렐루야가 식장에 울려 퍼지게 했다. 선교사님은 뛸 듯이 기뻐하셨다. 자기 딸도 결혼식에 할렐루야 음악을 틀자는 아버지 부탁을 거절했는데, 몽골 아들 뭉흐가 들어주었다고

말이다. 하지만 세상 누가 결혼식에 할렐루야 찬양을 신부 입장
곡으로 쓰는가? 하지만 우리는 그랬고, 아버지는 몹시 기뻐하셨
다. 하나님 아버지도 기뻐하셨으리라.

부족해지면 또 구해라

우리 부부는 결혼하면서 선교사님 부부처럼 교회에서 살았다.
몇몇 젊은 학생들도 같이 살았다. 겨울이면 밤새 석탄을 땠는데,
돌아가며 석탄을 갈던 기억이 있다.

　나는 결혼은 최 선교사님의 권유대로 했지만, 처음 몇 년간은
아내와 갈등을 겪었다. 나는 아내가 내게 주는 사랑이 부족하다
고 생각해서 늘 불만이었다. 내 마음에 사랑이 없었다는 생각은
하지 않았다. 문제는 아내가 아니었다. 나였다. 그걸 시간이 지
나서야 깨달았다.

　나는 하나님의 뜻에 순종하여 결혼했으므로, 결혼하면 무조건
다 좋을 줄 알았다. 결혼생활의 행복이나 만족감을 하나님이 주
셔야 한다고 착각했던 것 같다. 말하자면, 배우자인 아내가 나를
만족시키고 행복하게 해주어야 한다고 잘못 생각한 것이다. 그
런 만큼 아내에 대한 기대가 컸는데, 기대에 미치지 못한다고 생
각할 때는 아내와 갈등하게 되었다. 실수한 결혼 같다는 생각도
했다. 잘못된 판단을 했던 것 같고, 하나님께 속은 것 같다는 생

각마저 했다. 나는 하나님께 이런 불평을 했다.

"내가 하나님 말 듣고 결혼했는데, 이런 거 저런 거는 잘못된 거 아닙니까?"

그러자 하나님이 내 속에서 말씀하셨다.

"너, 사랑이 뭐냐?"

답할 말이 없었다. 그리고 깨달은 건 결혼에 대한 교훈이었다.

내 아내는 정말 좋은 사람이다. 최 선교사님이 소개하실 때 하신 말씀이 틀림없었다. 하지만 내가 먼저 사랑을 느끼며 결혼을 결심한 게 아니라 그런지 결혼에 대해 오해했던 것 같다. 좌우간 모두 내 문제였다. 사랑은 받는 것이 아니라 주는 것이며, 내 안에 사랑이 없는 것이 갈등의 원인이라는 걸 결국 깨닫게 됐다. 그러는 사이에 상처받았을 아내에게 두고두고 미안하다.

사랑이 주는 것이라는 게 하나님의 말씀이라면, 이제 문제는 '내게 누군가에게 줄 사랑이 없다'라는 것이었다. 그게 하나님께 하는 나의 두 번째 변명이었다. 그러자 하나님이 말씀하셨다.

"내가 안다. 네게 사랑이 없다는 거. 그런데 너는 없으면 왜 나한테 구하지 않는 거냐? 다른 건 조금만 부족해도 달라고 떼쓰면서!"

뒤통수를 맞는 기분이었다. 그렇다. 사랑도 구하면 주시는 것이다.

인간의 감정이라는 사랑은 아무리 많고 뜨겁게 시작했어도 시간이 지나면 식고 사라지고 변한다. 그 무렵에 결혼한 내 친구들을 보면, 나와 다르게 신혼 시절에는 뜨겁게 사랑하다가 몇 년이 지나면서 시들해지는 걸 보곤 했다. 하나님의 말씀이 맞았다. 나는 그 자리에서 무릎 꿇고 회개했다.

"하나님, 그렇습니다. 내가 사랑이 없는 사람이고, 아내도 사랑하지 않았습니다. 잘못했습니다. 아내를 향한 사랑을 내게 부어주세요."

하나님의 응답은 단순했다.

"내가 너를 사랑하잖니. 네게 이미 주었다. 부족해지면 언제든 또 구해라."

그 즉시 아내를 보는 내 눈이 달라지는 걸 느꼈다.

우리 부부는 비록 처음 1-2년은 나의 부족 때문에 갈등을 겪었지만, 이후로는 날이 갈수록 사랑이 커지고 깊어지는 것 같다. 물론 때로는 내 사랑이 다시 부족해지는 걸 느낀다. 그럴 때마다 나는 하나님께 '리필'을 또 요청한다. 그러면 다시 사랑이 채워지는 걸 느낀다. 나는 채워진 사랑을 아내와 아이들에게 전달하면 된다.

결혼할 때 세 번 기도하라

우리 가족은 최 선교사님이 돌아가신 후 해마다 기일이 되면 묘지를 방문하곤 했다. 그럴 때마다 나는 선교사님께, 아니 하나님께 고백하듯이 이런 말을 한다.

"목사님, 감사합니다. 제가 결혼 잘했습니다."

생각해보나 마나, 내가 새생명교회와 몽골 복음주의 교회들의 부흥을 위한 각종 사역을 하고, 방송과 출판에 이르기까지 수많은 사역을 감당해올 수 있었던 건 오로지 아내의 도움 덕분이다. 지혜롭고 착한 아내가 없었다면 네 자녀도 주 안에서 바르게 자라지 못했을 것이다.

최 선교사님이 내가 결혼에 대해 실수할 때 가르쳐주신 두 가지 말씀이 새삼 새롭다.

"우리 인간은 실수를 해. 하지만 하나님은 절대 실수하지 않으신다. 그리고 하나님께 절대 순종한 사람은 절대 잘못되지 않아."

결혼 잘했습니다
미국에서 목사 안수를 받을 때, 아내와 함께.

선교사님은 전쟁이 나면 하루 두 번 기도하지만, 결혼할 때는 세 번 기도하라고 권면해주셨다. 그건 내 인생이 내 것이 아니라 하나님의 것이기 때문이라는 말도 하셨다.

"뭉흐는 하나님이 선택한 사람이니까 하나님이 하라는 대로 순종하고, 네 뜻대로 살면 안 된다. 그렇기 때문에 예수 안에서 자아가 죽어서 날마다 죽는 사람이 돼야 하는 거야"라고 가르치셨다.

자아가 죽은 사람은 이 길로 가면 산다고 세상이 가르쳐도, 죽을 것처럼 보이는 하나님의 길을 간다. 그래서 하고 싶고, 가고 싶은 곳이 있어도 내려놓고 하나님의 뜻대로 사는 것, 그것이 그리스도 안에서 날마다 죽는 사람의 삶이라 하셨다. 그건 사실 성경이 가르치는 기독 신앙의 핵심 아닌가?

최 선교사님은 내게 "네 인생은 이제 없다"고, "우리는 하나님을 위해 살아야 한다"고 하셨다. "그러니까 한 번뿐인 인생, 멋지게 살다 멋지게 죽어야 하는 것"이라 하신 것이다. 나는 비록 젊어서는 이 말씀을 다 이해하지 못했지만, 선교사님께 배운 자아의 죽음과 하나님의 뜻을 따르는 일이 얼마나 복되고 행복한지를 결혼생활을 통해 이해하였다.

11. '소리 지르는 사람들'의 교회 개척

새생명교회 예배당은 2000년에 건축되었다. 그전까지는 자체 예배당이 없었다. 우리는 예배당을 지을 때까지, 6년 동안 대략 10번 이상 옮겨 다녀야 했다.

새생명교회는 1994년에 최 선교사님 집에서 모이기 시작했는데, 교회가 부흥하면서 첫해가 다 가기 전부터 집에서 모이기가 어려워졌다. 그래서 한동안 극장 같은 공간을 빌려서 주일예배를 드리곤 했다.

민주화가 된 지 몇 년이 지났음에도 불구하고, 기독교에 대해 부정적이고 핍박하는 분위기가 몽골 사회에 여전히 남아 있었다. 도시의 큰 건물들은 여전히 국가 소유였다. 언제든지 나가라면 나가야 했다. 누가 신고하면 경찰이 예배 도중에도 들이닥쳐서 예배가 중단되는 날이 많았다. 돈을 내고 빌려 쓰는 장소였지만 예배를 드린다는 이유로 쫓겨나야 했고, 한 장소를 1년 이상 사용해본 적이 없었다.

어떤 날은 주일 아침부터 쫓겨나기도 했다. 그런 날은 사람들을 피해 들판이나 숲속으로 가야 했다. 한동안 야외예배를 드리기도 했다. 주중의 새벽기도회나 저녁예배는 아예 야외를 찾아가 드리곤 했다. 처음에는 그러려니 하다가, 시간이 지날수록 우리들만의 예배당이 생기기를 간절히 바라게 되었다.

소리 지르는 사람이 되다

어느 주일 이른 아침, 선교사님이 리더들을 불러 새벽기도를 가자고 하셨다. 그래서 우리는 가까운 산으로 갔다. 그곳에서 평소에 하던 대로 통성기도를 했다. 안 그래도 몽골 사람들은 목청이 큰데(우리의 통성기도는 아마 한국 사람에게 결코 지지 않을 것이다), 그날따라 소리는 더 크고 간절했다.

한참 기도한 다음, 선교사님이 서로 손을 잡고 마지막으로 한

소리 지르는 사람들
예배 드릴 곳이 없었을 때, 우리는 초원에서 이렇게 예배드렸다.

누군가 사랑하면 누군가 산다

번 더 통성기도를 하자고 하셨다. 그때 인기척이 났는데, 그 산
을 지키는 경비원이 온 것 같았다.

"어떤 미친 놈들이 새벽부터 여기 와서 소리를 지르는 거야?"

동시에 '으르렁' 하는 개소리가 들렸다. 경비견까지 데리고 온
것이었다. 살짝 눈을 들어 뒤를 보니, 내 등 뒤에 벌써 개가 다가
와 있었다. 우리 중에서 하필 왜 나란 말인가?

우리가 서서 기도하고 있었기 때문에, 개의 입이 닿은 부분은
내 엉덩이였다. 오금이 저리고 다리가 덜덜 떨렸다. 하지만 다른
사람들은 기도에 집중하느라 경비원과 개는 신경 쓰지 않는 것
같았다. 나는 무서웠지만, 명색이 리더였는지라 친구 손을 뿌리
치고 도망가기는 창피했다.

'이럴 때 도망가면 내 위신이 떨어질 것이다. 에라 모르겠다.
그냥 더 세게 기도하자!'

아마 다들 같은 마음이었던 것 같다. 우리들의 기도 소리는 더
커졌다. 잠시 후, '깨갱' 하더니 개가 돌아서는 것 같았다. 경비원
도 "이 개가 왜 이래?" 하며 가버린 것 같았다. 금세 조용해졌다.

그 다음 주에는 다른 산을 찾아가기로 했다. 개를 만난 산에
또 가자니 찜찜해서였다. 우리는 그런 식으로 부근에서 갈 수 있
는 들이나 산에는 거의 다 가본 것 같다. 그럴 만한 곳이 울란바
토르 서쪽에 특히 많았다. 우리가 서쪽의 어느 산에 갔던 날, 이
번엔 경비원이 총을 들고 와서 우리를 쫓아냈다.

"야, 너희들은 누군데 이 산에까지 와서 소리를 질러? 무슨 아

버지 어쩌고 하던데, 너희들 아버지가 죽었냐? 귀찮으니 어서 다른 데 가봐! 이 시끄럽게 소리 지르는 놈들 같으니라고."

산을 지키는 경비원들 사이에 우리에 대한 소문이 나 있었다. 그들은 우리에게 별명도 붙여주었는데, 그건 '소리 지르는 사람들'이었다. '소리 지르는 사람들'이 이 산 저 산 다니며 기도를 하자, 나중엔 경비원들도 포기했는지 "어서 대강 소리 지르고 다음엔 저 산으로 가서 소리 질러"라고 말했다. 어떤 경비원하고는 친구가 되기도 했다. 이제는 우리가 소리 지르는 이유를 이해하는 것 같았다.

기도하다 두들겨 맞다

어느 날은 공원 안에 있는 어느 산에서 철야로 기도하고 있었다. 8명의 첫 제자 중 한 사람인 내 친구 바트겔이 무슨 회개할 일이 많았는지 그날따라 누구보다 크게 기도했다. 기도하는 자세마저 최 선교사님과 똑같았다. 무릎을 땅에 대고 큰 소리로 기도했는데, 선교사님은 그걸 '낙타무릎 만들기'라고 하셨다. 무릎을 꿇고 기도하며 상체를 위아래로 흔드는 것이다. 그러다 보면 무릎이 맨땅에 움푹 구멍을 내기도 한다. 심하면 무릎을 다칠 수도 있다.

최 선교사님은 사우나에 갔을 때 우리에게 자기 무릎을 보여주며 자랑하곤 하셨다.

"봐라! 내 무릎이 낙타무릎처럼 뭉개졌잖냐? 이게 다 낙타무릎 기도를 했기 때문이다."

선교사님의 낙타무릎 기도는 우리들에게 '최 목사님 스타일 기도'로 불리게 됐다. 그날 바트겔이 그렇게 기도하고 있었다. 바로 그때 경찰이 왔다. 하지만 우리는 아랑곳하지 않고 평소 하던 대로 기도를 계속했다. 경찰은 "그만 소리 지르고 일어나!" 하고 명령했다. 하지만 듣는 둥 마는 둥 하는 우리에게 점점 화가 났을 것이다. 경찰은 우리 중에서 나이가 많아 보이는 한국 사람에겐 어쩌지 못했는지, 그날따라 선교사님처럼 기도하던 바트겔에게 몽둥이세례를 퍼붓기 시작했다.

"그만 하라니까, 왜 계속 소리 질러?"

바트겔은 그래도 기도를 멈추지 않았다. 분위기가 심상치 않아지자 우리는 기도하기를 멈추었다. 돌아보니 경찰이 바트겔을 심문하고 있었다. 바트겔은 경찰에게 세 가지 질문을 들었는데, 그 질문과 답은 이랬다.

"야, 너 술 먹었어?"

"안 먹었는데요. 냄새 맡아보세요."

"그럼 너 미쳤어?"

"아니에요. 정신 멀쩡해요."

"그것도 아니면, 네 아버지 돌아가셨냐? 아버지는 왜 그렇게 부르고 통곡을 해?"

"아니에요. 우리는 예수 믿는 사람들이고, 지금 하나님 아버지에게 기도하는 거예요. 내가 지은 잘못이 많아서, 오늘은 특별히 아버지에게 용서해달라고 회개기도라는 걸 크게 한 것뿐이에요. 우리 아버지는 집에 멀쩡히 살아계십니다."

그러면서 하는 바트겔의 다음 말에 경찰은 물론 긴장했던 우리까지 모두 웃고 말았다.

"경찰 아저씨가 나를 때릴 때, 하나님이 나를 혼내려고 오셔서 몽둥이로 때리는 줄 알았어요. 진짜 경찰인 줄은 몰랐다니까요."

경찰은 어이가 없었는지 "그만 하고 어서 집에 가라"고 타이른 다음 사라졌다. 우리는 그래도 하던 기도는 마무리해야 했으므로, 특별히 감사하는 기도를 더 하였다. 우리가 자유롭게 기도하며 예배할 처소를 달라는 기도는 그날 더욱 간절해졌다.

바트겔이 경찰에게 맞았던 곳은 가조르트라는 지역이었다. 울란바토르 부근에서 기도할 장소가 점점 부족해지자 차를 타고서 조금 더 멀리 가보자 해서 찾아간 언덕이었다. 나중에 그 언덕이 공동묘지가 됐다. 최순기 선교사님이 묻히신 곳이다. 우리는 묘지에 갈 때마다, 우리가 선교사님과 함께 여기서 기도하다가 경찰에게 맞았다는 이야기를 한다.

산에서도 기도할 자리가 점점 없어지자, 선교사님이 드디어 이 말씀을 하셨다.

"이제는 우리 교회를 건축하자."

새생명교회 예배당을 짓자는 말씀이었다. 너무나 오랫동안 예배당 없이 산과 들에서 예배드리다 보니 선교사님도 한계를 느끼신 것 같다. 하지만 우리는 아직 학생이었고 교회에 헌금할 돈이 없었다. 더구나, 그동안 우리 예배당도 갖지 못했으면서 다른 곳에 여러 교회를 개척하고 있었다. 어떤 곳은 작긴 해도 예배당을 지어주기도 했다. 그랬으니 교회가 모아둔 돈은 없었다. 그래도 선교사님은 "하나님이 교회 지을 돈을 주실 것이다. 우리가 마음껏 기도해도 누군가가 와서 쫓아내지 않을 장소를 주실 거야"라고 믿음으로 선포하셨다. 나는 "아멘"이라고 답했지만, 속으로는 의심했다. 그런데, 새생명교회는 훗날 유영기 목사님이 목회하시는 교회가 새 예배당을 구하는 과정에서 헌금하면서 결국 지어지게 된다. 그 사연은 유영기 목사님의 증언을 기록한 16장에서 알 수 있다. 이 장에서는 새생명교회가 자체 예배당을 짓기도 전에 교회를 개척한 이야기를 들려드리려 한다.

교회 개척은 선교사님을 통해 우리에게 주신 비전이었다. 우리는 비록 예배당이 없어서 불편했지만, 교회들이 우리를 통해 개척되는 것을 기뻐했다.

우리는 새생명교회가 개척된 1994년에 이미 두 개의 교회를 개척했다. 하나는 일종의 지교회로서, 울란바토르 외곽에 있는 달동네의 교회였다. 우리는 새생명교회의 주일예배를 드린 다음 전기버스를 타고 그 동네에 갔다. 그리고 또 예배드리며 교회를 시작했다.

두 번째 전도하여 개척한 교회는 기차를 타고 한두 시간 가야 하는, '만달라'라는 시골에 있었다.

바양어쇼라는 달동네에 세 번째로 교회를 개척하고 예배당까지 세울 수 있었던 것은 1997년 여름에 유영기 목사님이 담임하던 미국 피츠버그한인중앙교회 의료선교팀 덕분이라 할 수 있다. 그 선교팀에 평생 처음으로 선교지를 방문한 권사님이 계셨다. 선교헌금으로 1만 불을 가지고 오셨는데, 이 마을에 필요한 것이 교회이고 비용이 1만 불 정도 든다고 하자 선뜻 헌금하신 거였다. 새생명교회가 지어지기 전의 일이었다.

피츠버그한인중앙교회의 의료선교팀은 그해 사흘 동안, 아침부터 저녁까지 매일 500명에서 700명을 진료하고 약을 주었다. 우리는 의사들이 진료하는 사이에 전도했다. 그 동네에 믿는 사람들이 생겨나 자연스럽게 교회가 생겼다. 그래서 1998년에 우리가 직접 벽돌을 쌓고 건축한 교회가 새빛교회이다. 건축 재료는 권사님의 헌금으로 구했지만, 몽골 사람들이 자기 손으로 직접 지은 몽골 최초의 예배당이라고 알고 있다. 그 동네에 교회를 지을 때 우물도 팠는데, 기대 이상으로 많은 물이 솟구쳐서 선교

누군가 사랑하면 누군가 산다

사님이 기뻐하던 모습이 생생하다. 사막이나 다름없는 몽골 달 동네에서 우물이 나오는 건 기적이기 때문이다. 이 교회는 지금, 개척 당시에 전도받은 아이가 목사가 되어 목회하고 있다.

'우리가 왜 개척하지 못하겠는가?'

새생명교회가 네 번째 교회를 개척한 계기는 이렇다. 어느 시골 학생이 울란바트로에 공부하러 와서 새생명교회에 출석했다. 자기 고향에 예수 믿는 사람이 없고 교회도 없으니, 선교사님이 와서 전도하고 교회가 세워지면 좋겠다고 부탁했다. 당시 차로 16시간을 운전해야 갈 수 있는 먼 시골이었다. 그래도 최 선교사님이 직접 러시아제 지프차를 타고 가서 전도하셨다. 그 동네는 놀랍게도 내가 1994년에 군대에서 휴가를 얻었을 때 전도하러 갔던 힌티의 마을이었다. 도심지에서 2시간이나 차를 더 타고 가야하는 벨크라는 곳이다. 나는 하나님이 내게 주신 비전이 그렇게 이뤄지는 걸 보고 놀라지 않을 수 없었다. 새생명교회가 생기기도 전에, 그곳에 교회가 생기기를 기도했기 때문이다.

고향에 교회가 생기기를 바랐던 그 학생은 공부를 잘해서 미국 하버드대학교를 다녔다. 그가 지금 몽골의 수상급 장관이 됐다. 대통령 다음으로 높은 사람이 된 것이다. 아쉽게도 공직에 오른 다음엔 교회에 잘 나오지 못하고 있지만, 그로 말미암아 개척된 교회가 새시작교회(New Start Church)이다. 그 교회에는 가나 전도사가 목회자로 파송되었는데, 새생명교회가 파송한 첫 목회자였다. 가나는 새생명교회가 시작될 때 고등학생이었다. 선교사님의 첫 제자들의 제자로서, 2세대 제자에 해당한다. 그는 벨크로 파송받을 때 이런 고백을 했다.

"최순기 선교사님은 그 좋은 미국에서 사셨다가 이 추운 몽골까지 오셨는데, 나는 왜 몽골 시골로 가서 개척하지 못하겠습니까?"

가나 전도사는 목사가 된 다음에 또다시 다른 곳에서 교회를 개척하고 있다. 새시작교회는 그에게 배운 현지인이 3세대 목사로서 목회하고 있다. 그래서 새생명교회는 그들에게 할머니 교회가 되었다. 새시작교회가 힌티 지역에 또 다른 교회를 8개나 개척하였으므로, 새생명교회는 할머니 정도가 아니라 증조할머니가 되어가는 중이다.

최 선교사님이 주셨던 선교와 교회 개척의 비전은 3대와 4대에 걸쳐 이어지고 있다. 개척된 교회들에서도 목사와 지도자들이 계속 배출되고 있다. 특별히 벨크 지역은 이슬람인 카자흐스탄 사람들이 주로 산다. 그런 사람들이 목사가 되고 있다는 것이 또 하나의 기적이 아니겠는가.

12. 몽골에서
북한 사람들을 만나다

새생명교회는 몽골에서 최 선교사님과 함께 나름대로 북한 사역을 했다. 북한에 가지 않고서도 말이다.

새생명교회가 초기에 부흥하면서 교인이 금세 40-50명에 이르자 선교사님 집에서 예배드리는 것이 더 이상은 어려워졌다. 집에서 가까운 학교를 빌리기로 했다. 그 학교는 북한이 몽골 사람들에게 꽃이나 각종 야채를 기르는 법을 가르쳐주기 위해 세운 농업학원 같은 곳인데, 북한 소유의 건물이었다. 오래전에 김일성 주석이 몽골을 방문했을 때, 교육 사업 차원에서 만들어준 곳이라고 한다. 북한은 몽골에 김일성유치원과 김일성학교 등 여러 학교를 세웠는데, 꽃과 채소 재배도 필요해서 그 학교를 세운 것이다. 그곳이 우리의 예배 처소가 된 것은 역사의 아이러니였고 하나님의 섭리였다.

농업학원에서는 북한에서 파견된 여성 두 분이 몽골 학생들에게 꽃을 심고 키우는 법을 가르치고 있었다. 우리가 그 장소를 빌리러 갔을 때, 최 선교사님 부부와 똑같이 생긴 사람들이 몽골에 있는 걸 보고 놀랐다. 북한 출신의 최 선교사님과 비슷한 북한 억양의 한국말을 하니까 같은 나라 사람인 줄 착각하기도 했다. 나는 선교사님에게 그 장소를 추천하면서, "거기에 목사님과 엄마와 똑같은 한국 사람이 있어요"라고 말했다. 그 일이, 훗날 최 선교사님이 북한 선교를 하게 되는 계기가 될 줄은 미처 몰랐다.

소 눈알을 먹은 아저씨

최 선교사님 부부는 예배 장소로 빌린 학원에서 일하는 북한 여성들을 대접하며 교제했다. 그들은 주몽골 북한대사관을 통해 몽골에 정식으로 입국한 여성 노동자들이었다. 대부분의 북한 여성들은 재봉 공장에서 일했고, 남자들은 주로 건설 현장에서 일했다. 우리는 2001년경, 몽골에 호텔을 건축하는 북한의 남성 노동자들을 만나게 됐다.

울란바토르를 조금 벗어난 곳에 대릴치국립공원이 있다. 몽골에서 경관이 좋기로 손꼽는 관광지이다. 우리는 지도자 훈련 모임을 위해 그 지역에 갔다. 우리가 모인 곳에서 가까운 공터에 북한 노동자들이 5성급 호텔을 짓고 있었다. 그 지역이 국립공원이라서 리조트 같은 관광호텔들이 개발되는 상황이었다.

하루는 내가 잠깐 쉬는 시간에 산책하고 있었는데, 길에서 북

누군가 사랑하면 누군가 산다

한 아저씨 두 사람을 마주쳤다. 내가 "안녕하세요?" 하고 한국말로 먼저 인사하니 놀라며, 말이 통한다 싶어서인지 그들도 내게 한국어로 말했다.

"전화할 일이 있는데 도와주시갔소?"

내가 '조선말'을 할 줄 안다는 게 신기했는지 나에 대해 물었고, 우리는 금세 친해졌다. 그들을 통해 북한 노동자 150명이 호텔 건축을 위해 일하고 있다는 것을 알게 된 것이다. 말이 노동자이지, 군대식으로 통제받고 있는 군인 비슷했다.

나는 교회에 돌아가자마자 최 선교사님에게 이 사실을 알렸다. 우연히 북한 사람들을 만났는데, 우리가 그들에게 식사를 대접하면 좋겠다는 의견도 말했다. 그래서 다음주에 소고기를 준비해서 건축 현장을 방문했다. 우리를 소개하면서, 친선 목적으로 소고기를 대접해드리겠다고 제안했더니 흔쾌히 받아들였다.

우리가 준비한 소고기는 사실 도축하기 전으로, 살아있는 소한 마리를 끌고 간 것이었다. 우리는 그들이 보는 앞에서 소를 잡았다. 북한 남자들은 몽골 사람들이 소를 어떻게 잡는지 궁금하다면서 몰려와 구경했다. 몽골에서 소를 잡을 때는 망치로 머리를 때린다. 소가 쓰러지자, 내가 길에서 만났던 두 아저씨 중에 문 씨라는 분이 이런 부탁을 했다.

"그 소 눈알 내가 먹어도 되갔소?"

우리도 먹지 않는 부위라 놀라서 "왜 그러시냐"고 물으니, 자기들이 여기서 일하느라 힘든데 그게 보양식이 될 거라고 말했다. 북한 사람들은 소 눈알도 먹는 것 같았다. "그러시라" 했더니, 두 아저씨들이 그 자리에서 눈알 두 개를 직접 뽑아 하나씩 바로 삼켜버렸다. 나는 그 모습을 신기하게 여기며 바라보았다.

북한 노동자들은 우리가 즉석에서 잡아 요리한 소고기를 맛있게 드셨다. 자기들이 몽골 양배추로 담근 김치와 술도 꺼내 즐겼다. 식사를 마친 다음, 우리는 배구 경기도 하며 놀았다. 금세 친구가 됐다. 분위기가 무르익자, 우리는 교회에서 온 사람들이라고 밝혔다. 그들은 이미 알고 있었다는 눈치였다. "최 선생이 목사라는 것도 알았고, 뭉흐가 조선말을 잘하니까 나중에 평양에 와서 몽골 대사 해도 좋겠다"는 덕담까지 하였다. 그러면서 "자주 와달라, 못해도 일주일에 한 번은 보면 좋겠다"는 부탁까지 했다. 그래서 그 다음주에 만날 때는 우리가 담근 김치를 선물했다. 다음에는 그들이 원하는 옷도 가져다주었다. 한번은 바쁜 일이 있어서 2주 만에 방문했더니 보고 싶었다고, 왜 안 왔느냐고 섭섭해했다.

쌓은 신뢰가 얻은 뜻밖의 보답

나는 그들 중에서 처음 만났던 문 씨를 포함해 세 명과 특별히 친해졌다. 나보다 10살에서 16살이나 나이가 많았던 그들은 나를 '우리 뭉흐 동생'이라고 불렀다.

누군가 사랑하면 누군가 산다

문 씨는 20년이나 군인 생활을 한 사람이었다. 15년 정도면 의무 복무 기간이 끝나는 거였는데, 생계를 위해 기간을 연장하고 있다가 몽골까지 왔다고 했다. 태권도 유단자여서, 내게 북한에서 만든 도복을 선물했고 가르쳐주려고 했다. 나를 좋아해서 북한에서 가져온 말린 오징어도 먹어보라고 주었다. 씹어보니 남한에서 맛본 것과 달리 너무나 딱딱해 먹기가 힘들었다. 하지만 그것도 그들에겐 고향에서 가져온 귀한 음식이었다.

문 씨는 내게 자기 어린 시절 이야기와 북한에서 어렵게 살아온 형편을 하소연하듯 들려주기도 했다. 그때 그들의 한달 월급은 120달러였는데, 100달러는 나라가 가져간다고 했다. 나머지 돈으로 생활하고, 또 그중에서 3-5달러 정도는 남겨 집에 송금한다고 했다. 북에 두고 온 가족은 더 어렵게 살고 있을 거라는 말도 했다. 하지만 그런 몽골 노동자 생활도 국가의 허가를 받아야 할 수 있고, 아무나 할 수 없다고 했다. 문 씨는 나름대로 모범적인 군 생활을 했기 때문에 몽골 근무 허가를 받은 거라며 자부심을 나타냈다.

내가 문 씨 아저씨를 처음 만날 때 2명이 모여 다니는 걸 보았듯이, 그들은 개인행동을 할 수 없었다. 한번은 문 씨가 몸이 아프다며 북한군 부대장이 우리에게 그를 시내 병원에 데려가달라고 부탁했다. 놀랍게도 문 씨와 내가 단둘이서 다녀오게 했다. 보통은 감시 목적으로 한 사람이 더 가는데, 그동안 쌓인 신뢰 때문에 얻은 특별한 배려였다. 그럴 만큼 나는 그들에게 신뢰를 얻고 있었다.

병원에서 진찰을 마치고도 부대장에게 허락받은 시간에서 3시간 정도 더 여유가 있었다. 나는 문 씨에게 "우리 교회 가봅시다"라고 권했고, 그도 거부감 없이 따라왔다. 그래서 교회에 오자마자 예수 영화를 보여주었다. 최 선교사님이 한국어 전도지를 보여주며 전도했다. 교회 앞에서 기념사진도 찍고 다시 공사장으로 보내드렸다. 나중에 다시 만날 때, 그 아저씨와 친했던 다른 두 분에게도 전도했다. 그럴 수 있을 만큼 친해졌기 때문에 가능한 일이었다. 그리고 넉 달쯤 뒤, 그 아저씨들은 일을 마치고 북한으로 돌아갔다. 문 씨를 비롯한 몇 분을 통해, 복음도 같이 북한에 들어갔다고 나는 믿는다.

훗날 알게 된 사실이지만, 북한 당국은 몽골에서 최 선교사를 만났던 노동자들을 '조사'했던 것 같다. 그것이 오히려 최 선교사의 사망 이후 시신을 내주는 결정에 힘을 보탰다. 그들이 최 선교사의 사망 소식을 듣고서, 당국에 그의 훌륭한 성품과 사랑에 대해 보고하며 선처를 요청한 것이다. 몽골을 다녀온 노동자들이 이구동성으로 최 선교사에 대해 좋게 말하니, 북한 정부도 시신을 내줄 명분이 더 섰을 것이다.

북한 이야기만 나오면 흥분하시더니

몽골에는 북한 식당과 북한식 한의원도 오픈되었다. 특히 북한 한의원에는 환자가 많았다. 우리 교인 중에서 한 명이 그 병원에서 일하기도 했다. 그 한의원의 원장은 박 선생인데, 당에서 계급이 꽤 높은지, 감시하는 사람 없이 혼자서 자유롭게 다녔다. 이분이 최 선교사님과 친구가 됐다. 몽골 사람들은 개고기를 먹지 않지만, 박 선생 같은 북한 사람들은 개고기를 좋아해서 선교사님이 종종 대접하기도 했다. 몽골 거리에 흔한 것이 개여서, 북한 사람들이 그걸 잡아먹는다고 뭐라 할 사람도 별로 없었다. 선교사님도 개고기를 즐기셨다. 그것이 친목을 다지는 데 도움이 됐다.

박 선생은 우리 교회에 와서 선교사님 부부와 몽골 교인들에게 침을 놓아주고 약도 주셨다. 북한의 한약이 효과가 좋았는데, 목사님께서 몽골 사람과 한인들에게 한약을 판매할 수 있도록 도왔다. 박 선생은 아예 우리 교회에 출석했고, 선교사님에게 제자훈련을 받고 예수님을 영접했다. 그렇게 한 1년 동안 교제했는데, 갑자기 인사도 없이 철수하고 말았다. 북한에 돌아갔는지, 어디로 갔는지 알 수 없었다. 훗날 내가 평양에 갔을 때 박 선생을 수소문해보았다. 일단 북한에 돌아왔다가 중동의 어느 나라로 갔다는 말을 들었다. 정확한 정보 같지는 않았다.

최 선교사님과 우리들은 이후에도 몽골에서 북한 사람들을 자주 만날 수 있었다. 그 때문인지 대한민국 대사관에서 여러 번 우리를 찾아온 적이 있었다. 북한 사람들과 어울리지 말라고 부탁하기 위해서였다. 하지만 선교사님은 미국 시민권자이므로 조심하겠다는 답만으로 충분했던 것 같다. 선교사님은 "나는 원래 북한을 사랑한다. 내 고향이기도 하고, 북한 선교를 하고 싶다"고 대사관 직원에게 당당하게 밝혔다.

우리는 최 선교사님이 북한을 위해 기도하실 때마다 눈물을 쏟으시는 걸 자주 볼 수 있었다. 북한 이야기만 나오면 흥분하셨다. 그러다 2003년경부터 북한에 직접 들어갈 수 있게 되었다. 2005년에는 캐나다의 임현수 목사님이나 미국의 선교 기업 '포에버21'과 협력하여 '방북'했다. 북한을 지원하는 일이었기에 가능했던 것으로 보인다. 2006년에 방북했을 때에는 한국의 모 선교단체가 지원한 2만 개의 항생제를 전달하는 것이 명목이었고 공식적인 초청까지 받았던 것으로 안다. 그 배경에는 선교사님이 몽골에 체류하던 북한 동포들을 도운 일이 있었다고 들었다. 급기야 평양에 본인의 보석가게를 열고, 북한에 사는 외국인들을 위한 국제 교회도 할 수 있을 것 같다고 기뻐하셨다.

선교사님은 2006년, 북한에 가시기 전에 이런 말을 해주셨다.

"이번에 북한에 들어가서 보석가게를 열 수 있으면, 나는 몽골을 떠나 북한에서 살 것이다. 가게를 못 연다 해도 할 일은 있다. 환자들이 모여 사는 동네가 있다는데, 거기 가서 봉사하며 살 수도 있을 것이다. 나는 몽골에서 선교를 시작했지만, 종착지는 북한이 될 것이다. 몽골 선교는 너희들 몽골 사람이 이어가야 할 일이고, 너희들은 그걸 감당해나갈 줄 믿는다."

이것이 우리에게 남긴 마지막 유언이 되었다.

4.

사랑하면 아무것도 두렵지 않다

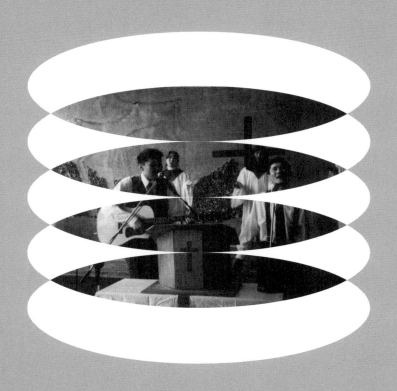

13. 북한에 자신의
     모든 걸 주고 온 사람

나는 2002년에 결혼한 다음, 혼자 미국으로 유학을 갔다. 몽골연
합신학교에서 2년간 신학을 공부하고 있었지만, 최 선교사님이
"뭉흐는 일찌감치 유학을 갔다 오면 좋겠다"고 권하셨기 때문이
다. 마침 내가 유학할 수 있는 조건이 주어지기도 했다.

　원래 내가 가고 싶어한 학교는 LA의 풀러신학교였다. 그러나
장학금을 받지 못하여 경제 여건이 어려울 것 같아서, 아내와 한
살이던 아들은 함께 가지 못하고 혼자 가기로 한 것이다. 그래서
가게 된 학교가 장로교단 신학교(Bible Presbyterian)였다. 그곳에
간 것은 오히려 축복이었다고 생각한다. 당시 학장이 게리 코헨
(Gary Cohen)이라는 유대인인데, 가문이 아론의 후예로 알려졌
고 기독교로 개종한 신학자이다. 미국에서 뉴킹제임스 버전 성
경 번역에 참여한 100명의 학자 중 지도자로서, 창세기와 아모스
서 등 구약 강의에도 탁월한 주경신학자이다. 그 학교에서 공부
한 것은 내가 몽골 교회에 성경을 강의할 때 큰 도움이 되었다.

　유학은 가게 되었지만, 생활비가 부족한 것이 염려되었다. 최

순기 선교사님은 "하나님이 다 채워주실 거다. 잘 공부하고 와라. 너는 거기 가서 하나님을 다시 만날 것이다. 그리고 하나님의 사람은 하나님이 준비시킨다. 너는 학교 교실 안에서만 공부하는 것이 아니고, 네 삶 자체가 하나님 앞에서 훈련받는 시간이 될 것이다"라고 격려해주셨다. 그러시면서 내게 20불을 주셨다. 그것이 미국에 갈 때 내 주머니에 있던 미국 돈의 전부였다.

한국어를 하는 까마귀

선교사님이 주신 돈으로 첫날과 둘째 날은 햄버거를 하나씩 사먹었다. 그러자 이틀 만에 돈이 떨어지고 말았다. 셋째 날은 굶었다. 넷째 날 아침에는 일어나면서 기도했다.

"하나님께서는 그 옛날 엘리야 선지자가 배고플 때 까마귀 보내 먹여주셨는데, 저도 오늘 그렇게 먹여주세요."

하필 그날 아침 큐티한 성경 본문이 열왕기상 17장이었다.

나는 이왕이면 고기를 먹여달라고 기도했다. 몽골 사람이라 고기는 늘 고팠다. 그리고 12시, 점심 때가 다 됐다. 아침을 못먹고 어제도 종일 굶어서 배는 '꼬르륵' 소리를 내는데, 예전에 몽골에 단기선교를 하러 왔던 한인교회의 한국인 형님이 전화를 해왔다. 그가 연락하리라곤 상상도 못했다.

"뭉흐냐? 네가 미국에 공부하러 왔다는 소문 들었다. 너 점심 아직 안 먹었지? 내가 금방 갈 수 있으니까 같이 점심 먹자. 뭐 먹고 싶으냐?"

아, 한국 말을 할 줄 아는 까마귀였다. 나는 바로 답했다.

"고기요!"

그 형님을 만나서 실컷 고기를 먹고 배가 부른 다음, 이렇게 인사했다.

"형님이 오늘 내게 온 까마귀입니다."

"그게 무슨 소리냐? … 아, 하하하!"

형님이 호탕하게 웃으셨다. 그러곤, 그가 몽골에 왔을 때 최 선교사님과 나눈 이야기를 들려주셨다.

"내가 최 선교사님에게 '몽골에서 선교하시는 게 힘드시죠' 하고 여쭤봤지. 그러니까 '힘들지'라고 하시더라고. 손가락 한 마디를 보여주시면서, '힘든 건 이만큼이지만 기쁜 건 이만큼이다' 하시더니 손을 길게 뻗으시더라. 힘든 건 손가락 한 마디처럼 작지만, 선교사여서 기쁜 건 손 전체 길이보다 크다는 말씀이었지. 그 모습이 잊히지 않아. 너나 나나 최 선교사님 사랑을 받은 사람들이니까, 우리, 그 분을 본받아서, 좀 어려워도 힘을 내 보자."

미국에서 공부하는 시간은 최 선교사님이 말씀해주신 것처럼 교실에서 학문을 배우는 것이 전부가 아니었다. 나는 식당에서 아르바이트를 했지만, 학교에서는 내가 영어와 한국어를 다 할 줄 아는 몽골인이라 한국 유학생들에게 어설프게나마 강의를 통역하는 아르바이트도 할 수 있었다. 특별히, 기도하면 그 형님 같은 까마귀를 보내주셔서 배불리 먹고 학비와 생활비가 채워지는 경험을 종종 하였다. 살아계신 하나님께서 나에게 하나님을 온전히 신뢰하는 훈련을 시키신 것이다. 그 형님 외에도, 유학생 시절에 나를 도와주고 멘토 역할을 해주신 분들의 격려를 잊을 수 없다. 나에게 성경을 가르치신 신학교(Bible Presbyterian Theological Seminary)의 폴 강(Dr. Paul Kang) 교수님은 내게 이런 말씀을 자주 해주셨다. 이분도 내게는 아버지 같은 분이시다.

"너는 몽골에 가서 사역할 때 하나님의 사람을 찾고, 사람을 가르치고 사람을 남기라."

홍삼열 장로님과 그 가족 또한 잊을 수 없다. 기숙사에 있을 때 배가 너무 고프면 그 집에 가면 밥을 먹을 수 있었다. 돌아올 때는 몇주 동안 먹을 걸 싸주기도 하셨다.

나는 그 학교를 졸업하면 아주사대학교에 진학할 계획이었다. 그런데, 졸업하던 해인 2006년에 최 선교사님이 돌아가셨다. 나는 이후에 공부를 더 하고, 미국이나 영국에서 사역할 계획과 기회도 있었다. 하지만 최 선교사님의 사역을 이어 새생명교회를 섬기기 위해 일단 몽골에 돌아오기로 했다. 선교사님께서 우리와 함께 교회를 개척할 때 몽골의 21개 도마다 교회를 세우자는 꿈을 심어주셨는데, 유학 중에도 그 생각을 늘 했기 때문이기도 하다.

나는 유학 중에도 방학이 되면 사역을 위해 몽골에 다녀오곤 했다. 선교사님이 돌아가시기 전, 겨울방학 때 나는 몽골에 와 있었다. 그때 우리 가족은 선교사님 부부와 함께 교회에 마련된 일종의 사택에서 같이 살고 있었다.

추운 겨울인데도, 선교사님은 기도할 게 많다고 예배당에 이불 하나만 가지고 올라가 주무시기도 하고 기도를 계속하셨다. 새생명교회는 1층이 숙소이고 2층이 예배당이었는데, 나만 자고 있기가 불편해서 종종 선교사님과 함께 밤새 기도할 때가 있었다. 그럴 때 나에게 이런저런 이야기를 많이 해주셨다.

선교사님과 대화를 나누던 그 밤은, 마치 예수님이 잡히시기 전에 제자들의 발을 씻겨주실 때나, 사도 바울이 제자 디모데에게 유언을 남길 때의 느낌과 비슷하였다.

"전제와 같이 내가 벌써 부어지고 나의 떠날 시각이 가까웠도다"
(딤후 4:6).

"유월절 전에 예수께서 자기가 세상을 떠나 아버지께로 돌아가실 때가 이른 줄 아시고 세상에 있는 자기 사람들을 사랑하시되 끝까지 사랑하시니라"(요 13:1).

선교사님은 북한에 마지막으로 가시기 전에 우리들을 특별히 사랑하셨을 뿐 아니라, 당신의 손자와 손녀 같은 우리 자녀들에게 작은 선물 하나씩이라도 주려고 애쓰셨다. 마치 본인이 돌아가실 때를 아는 것처럼, 내게 유언 같은 말도 하셨다.

"만일 내가 없어지면 너희들 중에 누가 이 교회에 남을 것 같으냐? 너는 미국에서 공부하는 중인데, 앞으로 어떤 사역을 할 것이냐?"

선교사님은 내가 미국에 돌아가 있을 때쯤이면 자신은 평양에 가 있을 것이고, 김 위원장을 만나면 준비해둔 선물, 직접 깎은 보석을 줄 것이라고 말하셨다. 외국인 교회도 허락받아 시작하고, 보석가게도 열면 좋겠다고 하셨다. 그러면서, 자기가 북한 선교를 하러 간 다음 '새생명교회는 어떻게 될 것인가' 하는 고민을 털어놓은 것이다.

나는 그때 선교사님이 하신 말이 그저 "북한으로 가겠다"는 말로만 들렸다. 하지만 돌이켜 생각해보니, 본인은 이미 자신이 북한뿐 아니라 천국에 갈지도 모른다고 생각하셨던 것 같다. 그럴 만큼 "만약 내가 여기 없으면" 하는 말이 단순하지 않고 심각하였다. 그러지 않고서야, 이미 여러 번 다녀온 북한에 또 가는 걸 앞두고서, 그렇게 일주일 내내 매일 밤 강단에서 주무시고 기도하셨겠는가 싶다. 그 전에도 북한에 가기 전에 기도하셨지만, 그 정도로 심각해 보이진 않으셨다.

선교사님은 밤새워 기도한 다음 새벽기도를 인도하시고, 낮에는 우리 제자들과 깊은 대화를 많이 나누셨다. 서로의 마음을 열고서, 마치 가슴과 가슴이 대화했던 것 같다. 그때 우리는 선교사님과 대화하면서 평소보다 깊은 친밀감을 느낄 수 있었다. 우

누군가 사랑하면 누군가 산다

리들에게 사역의 방법과 비전에 대해 정리해주시려는 듯, 중요한 것은 여러 번 강조하였고 이런저런 설명을 더 해주셨다. 그게 마지막이 될 줄은 전혀 몰랐다. 나는 그저 선교사님과 어느 때보다 마음이 하나가 되는 것 같고, 더 깊은 사랑을 느껴서 좋기만 했다.

나도 이제 어떻게 하나?

드디어 겨울방학을 마치고, 나는 미국으로 돌아갔다. 마지막 학기를 마쳐야 했기 때문이다. 그 사이에 선교사님은 북한에 들어가셨다. 그리고 운명의 그날이 왔다.

새벽 2시경이었던 걸로 기억한다. 한밤중에 전화가 울려서 누굴까 궁금했는데, 선교사님의 사위 데이빗 박 목사였다.

"박 목사님, 무슨 일인데 지금 전화해요?"

"뭉흐 전도사, 놀라지 말고 들어. 최 선교사님이 평양에서 돌아가셨단다. 북한 몽골대사관이 네 친구 바트겔에게 전화를 해서 알게 된 건데, 바트겔이 나한테 바로 전화한 거야. 처음엔 한 2분 넘게 말도 안 하고 울기만 해서 무슨 일인가 했어. 나도 정신이 없지만, 너도 알아야 할 것 같아 지금 전화한 거야. 우리가 당장 북한에 들어갈 순 없으니, 아무래도 먼저 몽골에 같이 가서 대책을 마련해야겠다. 날이 새면 다시 연락하자."

나는 바트겔이 아무말도 못하고 울었다는 게 바로 이해가 됐다. 나도 말문이 막혔다.

'나도 이제, 아니 지금 당장 어떻게 하나?'

나는 정신을 차릴 수 없었지만, 최 선교사님이 돌아가시면 자신의 시신을 몽골 땅에 묻어달라는 유언을 남기셨던 것이 곧 기억났다. 그는 죽어서라도 우리들 곁에서 우리를 지킬 마음으로 몽골에 묻히기를 바라셨다. 그래서 우리를 사랑하는 선교사님을 우리가 기억하게 하고 싶었던 것 같다. 그것은 죽어서도 몽골 선교사로서의 사명을 다하겠다는 다짐이었을 것이다. 묘비에는 '세상이 감당하지 못하는 최순기'라고 적어달라는 유언도 남기셨다. 나는 그 유언대로 모두 들어드려야 한다고 다짐했다.

하지만 현실은 마음대로 되지 않았다. 북한은 유골을 화장해서 보내줄 수 있다고 했다. 우리는 고인의 유언을 따르고 싶다고 탄원했다.

최순기 선교사님이 돌아가시기 몇 년 전에, 젊은 몽골 목사 한 사람이 북한 선교를 하고 싶다며 여러 나라 사람들과 함께 북한에 들어갔다가 돌아온 적이 있다. 그런데 그가 돌아온 지 얼마 되지 않아서 죽고 말았다. 그래서 그의 사인이 독을 먹고 왔기 때문이라며 북한을 의심하는 말이 돌았다. 하지만 그건 말 그대로 의심일 뿐, 사실이라고 믿기 어려웠다. 정말 독을 먹었다면 며칠이 지나도록 멀쩡하게 살아 있었을까?

최 선교사님의 일에 대해서도 북한을 의심하는 말이 돌았다.

　　　　　　　　　　누군가 사랑하면 누군가 산다

현지에서 돌아가신 것이므로 그런 의심을 할 정황이기는 했다. 하지만 나와 가족이 시신을 봤을 때 외관에 별 이상은 없어 보였고, 북한에서도 시신을 부검하지 않는 조건으로 보내준 것이므로, 우리는 북한의 말을 믿기로 했다.

모든 걸 북한에 주고 오려 하셨다

우리는 몽골에 도착한 선교사님의 관을 교회에 우선 모시고 갔다. '도착 감사 예배'를 드리기 위해서였다. 그건 집에 돌아오신 것을 환영하는 의미이기도 했다. 선교사님의 집이 곧 교회였기 때문이다.

예배를 드린 다음, 병원 영안실에 선교사님을 모셨다. 항공기에 관을 싣고 오기 위해 사용된 철제 상자를 먼저 분리했다. 고급스러운 나무 관에 누운 아버지의 표정은 편안해 보였다.

북한 당국은 고인에게 최선의 예우를 한 것 같았다. 관에서 시신을 꺼내 영안실에 옮기기 전에, 나는 가족과 함께 선교사님을 가까이서 볼 수 있었다. 양복 차림이었고, 볼에는 수염이 나 있었다. 시신이 영안실에 들어가기 전, 나는 마지막 인사를 한다는 심정으로 목사님의 볼에 입을 맞추었다. 깔깔한 수염이 내 입술을 살짝 찔렀다.

미국에 계신 유영기 목사님은 최 선교사님의 소천 소식을 들으시곤 장례식을 위해 서둘러 몽골에 오셨다. 선교사님이 북한에 가기 전에 가슴이 불편하다는 말을 유 목사님 앞에서 한 것 같은데, 그게 심장마비의 전조증상 같았다며, 건강검진을 받아 보라는 권면을 좀 더 강하게 하지 못했다고 안타까워하셨다.

최 선교사님에게 건강의 문제가 있으리라고는 아무도 상상하지 못했다. 60이 넘은 나이였지만, 모두 건강한 분이라고 믿었을 만큼 튼튼했기 때문이다. 우리와 함께 사역하실 때도 병원에 한 번 가신 적이 없었다. 아프다는 말도 거의 하지 않으셨다. 나 같은 젊은 사람보다 건강하셨다. 함께 운동할 때는 펄펄 뛰셨고, 찬양할 때는 춤을 추셨다. 늘 활력이 넘쳤다. 약도 먹는 게 거의 없었다. 그러니 사람들이 '의심'할 만도 했다.

설혹 의심스러운 정황이 있다 하더라도, 그때나 지금이나, 나는 북한에 대한 선교사님의 마음을 생각해서라도 추호도 나쁘게 생각하거나 말하고 싶지 않다. 왜냐하면, 선교사님은 살든지 죽든지 주님을 기쁘시게 하기를 원하셨고, 무엇보다 북한 사람들에게 자기 생명을 정말로 기쁘게 나눠줄 분이기 때문이다.

최 선교사님이 북한에 간다고 말했을 때, 그의 마음은 정말로 자기의 모든 걸 북한에 주려 했다고 나는 믿는다. 그런 마당에 북한에서 어떻게 죽었느냐는 아무 문제가 아니라고 생각하는 것이다.

누군가 사랑하면 누군가 산다

아버지를 세 번 불렀다

장례식 때, 우리는 관을 강당 중앙에 배치했다. 관 위에는 목사님이 어디를 가든 항상 사용하시던 성경책을 펼쳐두었다. 그리고 관에서 얼굴 부분이 보이도록 하여 조객들이 선교사님의 얼굴을 마지막으로 보게끔 했다.

장례예배 설교는 유영기 목사님이 하셨다. 이어서 나를 포함한 몇 명이 선교사님에 대한 추억을 간증하듯 말했다. 나는 몽골어와 한국어와 영어, 세 언어를 섞어 말했다. 그 자리에는 몽골 교인과 한국인뿐 아니라 전세계에서 온 선교사들도 참여했기 때문이다.

나는 최 선교사님에 대해 말하면서, 선교사님이 즐겨 말하신 성경 구절 중 하나인 요한복음 12장 24절을 인용하였다.

"내가 진실로 진실로 너희에게 이르노니 한 알의 밀이 땅에 떨어져 죽지 아니하면 한 알 그대로 있고 죽으면 많은 열매를 맺느니라."
제가 최순기 선교사님의 삶을 돌아볼 때, 그 분은 한 알의 밀처럼 자기 삶을 몽골 선교를 위해 죽기까지 헌신하셨습니다.
몽골에 처음 오셨을 때 우리들에게 맛있는 한국 음식을 해주시고, 미국에서 가져온 초콜릿도 나눠주셨습니다. 예수님처럼 우리 제자들과 함께 먹고 함께 자고 함께 사셨습니다.
최 선교사님의 삶은 예수님이 제자들에게 하신 것과 같았습니다.

장례식에서
몽골의 초원에서 호탕하게 기도하는 최 선교사님의 사진을 배경으로 추도사를 하였다.

정말 아버지처럼 우리를 사랑하셨습니다. 자기의 모든 것을 우리에게 아낌없이 나눠주셨습니다. 마지막에는 이렇게 생명까지 나눠주셨습니다. 죽기까지, 마지막까지 선교하다가 죽고 싶다는 소원대로 이루신 것입니다. 그리고 죽으면 몽골 땅에 묻어달라는 유언대로, 선교사님을 북한에서 몽골에 모시고 와서 이렇게 장례를 치를 수 있도록 도와주신 세계 여러 나라와 북한 당국에게, 하나님께 감사드립니다.

저와 우리 몽골의 교인들은 최 선교사님을 통해 복음을 받았으므로

누군가 사랑하면 누군가 산다

모두 복음에 빚진 자들입니다. 최 목사님 같은 선교사님들이 이렇게 몽골에 오셔서 생명까지 나누면서 복음을 전해주셨기 때문입니다. 그래서 우리가 지금 이 자리에 서 있는 것입니다. 우리도 최 선교사님의 마음을 가지고, 계속해서 몽골의 복음화와 세계 선교를 위해 힘쓰겠습니다.

그리고, 아버지, 아버지, 아버지…! 아버지가 못다한 북한 선교를 저희들이 해내겠습니다.

나는 아버지를 세 번 부르면서 마지막 다짐을 말할 때 통곡하였다. 조객들도 통곡했는데, 내 울음 때문에 그들의 통곡을 듣지 못했다.

묘비에는 목사님이 좋아하셨던 여러 성경 구절 중 하나인 시편 18편 1절을 기록했다.

"나의 힘이신 여호와여 내가 주를 사랑하나이다."

이 말씀은 새생명교회 마당에 세운 돌에도 새겨두었다. 묘비에는 한국말로 "세상이 감당치 못하는 최순기 여기 잠들다"라고 적었다.

묘지를 찾은 몽골의 교인들은 다음과 같은 말로 고인을 회상하고 애도했다.

"최순기 선교사님은 몽골에서 선교하다 순교하신 첫 선교사이다."

"최 선교사님에게 너무나 감사하고 도전을 받았으며, 선교사님을 기억할 때 항상 웃고 계시는 모습이었다."

"큰 소리로 기도하면서, 정말 가슴으로 하나님의 말씀을 전하던 순수한 모습을 잊을 수 없다."

우리 새생명교회에는 북한기도모임이 있다. 그 기도회에 북한 선교사가 되고 싶어하는 몽골 지도자들이 찾아오곤 하는데, 그 중 한 몽골인 목사가 이런 간증을 했다.

"내가 신학교 다니고 있을 때 최 선교사님이 채플 시간에 오셨는데, 목사님의 설교를 들으며 북한 선교사가 되기로 결심했습니다."

최 선교사님은 새생명교회뿐 아니라, 몽골 교회 전체에서 그렇게 존경받는 분이었다.

최순기 선교사님이 세상을 떠난 지 5년이 지났을 때, 몽골 기독교 단체에서 몽골에 온 외국인 선교사 중에 모범적인 선교사 8명을 뽑았다. 그중에 상을 받은 유일한 한국인 선교사가 바로 최순기였다. 그 상은 몽골 선교를 이어받은 최정애 사모님이 대신 수상하였다. 남편이 천국에 간 다음에도 몽골에서 계속 사시면서, 그 빈 자리를 계속 지키고 계시기 때문이다.

누군가 사랑하면 누군가 산다

12. 사랑하면 두려울 것이
       하나도 없다

나는 장례식을 다 치른 다음, 평양에 가보기로 마음먹었다. 최 선교사님이 어디서 어떻게 돌아가셨는지는 말로만 들었다. 그 현장을 직접 보고 싶었다. 특별한 외교적 조치는 필요하지 않았 다. 북한대사관에 요청하니 며칠 후에 "와도 된다"는 전화를 받 았다. "몇 월 며칠에 북경에서 출발하는 평양행 비행기를 타십시 오. 그러면 평양에서 누가 마중나갈 겁니다"라는 구체적인 안내 도 해주었다.

　나는 바트겔과 같이 가기로 하고, 울란바트로에서 비행기를 타고 경유지인 북경에 갔다. 북경공항에서 평양행 북한 비행기 를 갈아탔는데, 내부는 여객기라기보다 화물기에 가까워 보였 다. 조종실 뒤에 많아야 20명 정도 앉을 수 있는 좌석이 있고, 그 뒤는 짐칸 같았다. 비행기에는 우리와 북한 사람들과 외국 사람 들이 탔다. 몇 시간이 걸린 비행이었지만, 서로 인사는 하지 않 았다. 도중에 승무원이 북한제 사이다와 음식을 제공했다. 하지 만 많이 먹지는 못했다.

평양 공항에 내리니 최순기 선교사님과 사업을 같이 하려 했다는 '팀장'이라는 직함의 남자가 여성 안내원과 함께 우리를 마중했다. 조금 오래되긴 했지만, 부담스럽게도 기사가 운전하는 벤츠 차량까지 대기하고 있었다. 우리를 특별한 손님으로 대접한다는 뜻이었지만, 결국 우리가 대가를 지불해야 한다는 걸 처음엔 알지 못했다. 호텔비와 안내원의 식사비도 우리가 부담하는 것이었다. 다음날에 청구서를 보여주었는데, 몽골의 서민들인 우리로선 정말 부담스러운 금액이었다. "이렇게 좋은 차는 필요없다"고 말하자 일본 차량을 가져오겠다고 했다. 그것도 부담되기는 마찬가지라 사양했다. 안내원도 필요없으니, 가능하다면 우리끼리 다니겠다고 요청했다. 의외로 순순히 그러라 해서, 우리는 다음날부터 안내원 없이 가능한 걸어 다녔다. 호텔도 싼 곳으로 옮겨달라고 부탁했다. 안내받은 다른 호텔은 낡았고 술과 담배 냄새가 났다. 북한의 일반 주민들이 평양에 올 때 묵는 곳 같았다. 우리 둘은 그곳에서 지내기로 하였다. 식사는 북한제 라면으로 해결하기도 했다.

사랑하면 두려울 게 없다

평양에 도착하던 날, 벤츠 차량이 우리를 먼저 데리고 간 곳은 김일성 광장이었다. 외국에서 처음 왔으니 김일성 장군님의 거대 동상 앞에 헌화하고 절하는 것이 예의라고 설명했다. 나는 그때 최순기 선교사님이 북한에 다녀오셔서 해주신 말씀이 생각났다. 선교사님도 처음 북한에 갔을 때 김일성 동상 앞에 서게 했는데, 목사는 동상 같은 데 절하는 건 우상숭배이므로 절하지 않았다고 하셨다. 나도 최 선교사님처럼 절하기를 거부했다. 대신 그 앞에서 바르게 서는 것으로 예의만 갖추었고, 속으로는 북한을 위해 기도했다.

그런 다음에, 자동차는 우리를 최 선교사님이 묵으셨다는 고려호텔로 데리고 갔다. 호텔에서는 공항에서 우리를 영접한 사람을 포함해 모두 세 사람을 만났는데, 안내하는 여성, 선교사님이 보석가게를 열 경우에 영업을 담당하기로 했다는 팀장, 그리고 신원을 알 수 없는 남자 한 사람이었다. 그들이 나를 보자마자 부른 호칭은 이러하였다.

"최 선생 양아들 뭉흐 목사이지요? 반갑습니다."

그 말을 들을 때 잠시 소름이 돋았다. 그들이 나에 대해 다 알고 있다는 말이었기 때문이다. 살짝 두려움이 느껴졌다. 사실 나는 북한에 갈 때 이상하게 겁이 났다. 북한에 다녀와서 죽은 몽골 목사나, 최 선교사님처럼 북한에서 죽을지도 모른다는 생각을 속으로 했던 것 같다. 그래서 나도 선교사님이 하신 것처럼 유서를 써두고 갔다. 유서엔 이런 말을 썼다. "나는 아내와 가족을 사랑한다. 새생명교회를 사랑한다."

두려움은 평양 공항에 내릴 때부터 본격적으로 느껴졌다. 북

평양에서
평양에 가서 최 선교사님이 쓰러
진 지하도 입구에 가보았다.

경에서는 그나마 괜찮았는데, 평양에서는 영적 스트레스를 느꼈
다. 사람들이 아무리 친절하게 대해주어도 이상하게 편하지 않
았다. 가끔은 숨쉬기조차 불편했다. 하지만 동시에, 나는 선교사
님이 해주시던 말을 기억하면서 두려움을 떨치려 했다.

"사람을 진심으로 사랑하라. 진심으로 사랑하면 그 진심은 어
디든 누구에게나 다 통한다. 나는 북한을 진심으로 사랑했다. 그
래서 북한 사람은 누구도 두렵지 않았다. 사랑하면 두렵지 않은
것이다."

그렇다. 사랑은 두려움을 내어쫓는다. 이것은 사도 요한이 한

　　　　　　　　　누군가 사랑하면 누군가 산다

말씀이기도 하다.

"사랑 안에 두려움이 없고 온전한 사랑이 두려움을 내쫓나니 두
려움에는 형벌이 있음이라 두려워하는 자는 사랑 안에서 온전히
이루지 못하였느니라"(요일 4:18).

이 말씀을 묵상하니, 나도 이 사람들이 더 이상 두렵지 않았
다. 사랑스럽다는 마음까지 생기기 시작했다.

자유의 냄새가 나기를

최 선교사님이 돌아가실 때, 현장에 같이 있었다는 보석가게 팀
장이라는 사람이 이런 말을 했다.

"우리는 최 선생님을 존경했습니다. 최 선생께서는 몽골에 계
실 때도 그랬고, 여기 북한에 들어오셔서도 고향을 위해 좋은 일
을 많이 하셨습니다. 그리고 더 좋은 일을 하시려고 이번에 또
오신 건데, 그만 돌아가셔서 유감입니다. 살아계셨다면 보석가
게도 열고, 고향을 위해 많은 일을 하셨을 텐데 안타깝습니다.
우리가 여기서 나름대로 장례식도 했습니다."

그의 설명을 들으니, 선교사님은 보석가게를 열 수 있는 거의
마지막 단계까지 와 계셨다. 그 일에 관한 협의를 마친 다음, 그
팀장과 함께 호텔을 떠나 식사하러 나갔다가 돌아가신 것이다.

선교사님은 고려호텔을 떠나 지하도 방면까지 대략 4.5킬로미

터쯤 걸어갔다. 그리고 지하도를 향해 다섯 걸음 정도 걸었는데, 갑자기 심장이 이상하다며 가슴을 움켜쥐더니 쓰러지셨다고 한다. 나는 그 현장에 가서 사진을 찍었다.

평양을 떠나기 전날, 이번에는 그들이 우리를 대접하겠다고 해서 같이 식당에 갔다. 우리에게 무슨 이야기를 할지 궁금했는데, 어느 정도 예상했던 말을 했다.

"뭉흐 선생이 최 선생이 했던 일을 계속 이어서 해주면 좋겠습니다. 북한을 도와주는 일입니다. 우리가 대놓고 남조선과 미국에 이야기하긴 곤란합니다. 뭉흐 선생이 중간에서 어떤 역할을 해주는 것도 좋겠습니다."

하지만 곰곰이 생각하니, 그건 내가 감당하기엔 적잖이 부담스러운 일이었다. 나는 선교사님을 이어 북한 선교를 하겠다고 다짐했지만, 그들이 바라는 대로 하자면 방향이 좀 맞지 않을 것 같았다. 게다가 아직 유학생 신분이었다. 나는 정중히 사양했다.

"-우리 아버지는 북조선을 진심으로 사랑했습니다. 사랑은 어디든지 통한다고 하셨지요. 나도 아버지처럼 북한을 사랑합니다. 무엇이든지 내가 할 수만 있다면 언젠가 꼭 돕고 싶습니다. 하지만 지금은 제 사정이 아직 학생 신분이라 아버지를 대신해서 일하기는 어렵습니다. 이해해주시기 바랍니다."

평양을 떠나 북경에 도착하니 숨을 쉴 것 같았다. 우리는 오랜만에 고기도 실컷 먹었다. 그 느낌을 표현하자면 '자유의 냄새'였다. 평양에는 아쉽게도 그 냄새가 없었다. 나는 평양을 위해

누군가 사랑하면 누군가 산다

더 기도하겠다고 다짐했다.

북경을 경유할 때 몽골의 집에 전화했다. 사실 내가 북한에 다녀오는 기간에 아내는 둘째를 출산할 예정이었다. 상식적으로 아빠가 어디든 갈 수 없는 때였지만, 북한이 허가한 기간이므로 가지 않을 수 없었다. 아내에게 출산 여부부터 물었다. 딸을 낳았다고 했다. 자유로워진 마음에 기쁨이 몰려왔다.

죽는 순간에도 '할렐루야'

나는 북경을 떠나 몽골로 돌아오는 비행기 안에서 북한에 대한 최 선교사님의 마음과 평양에서 돌아가신 일에 대해 깊이 묵상했다. '최순기 선교사님은 북한을 그처럼 사랑하셨는데, 왜 거기서 일을 시작하기도 전에 돌아가셔야 했을까? 너무 아쉽고 원통한 일이 아닌가?'

이것에 대해 하나님이 주신 응답은 두 가지였다. 첫째, 최 선교사님이 평양에서 돌아가신 건 하나님의 뜻이다. 둘째, 선교사님은 평양에서 돌아가시는 순간에 정말로 기뻐하셨을 것이다. 최 선교사님은 몽골에서든 북한에서든, 어디가 됐든 선교하다가 죽기를 원하셨기 때문이다. 몽골을 사랑하셨지만, "내 선교 인생의 마지막 골인 지점은 북한이다"라고 말하셨던 분이다. 선교사님은 나를 비롯한 리더들에게 항상 이렇게 이야기하셨다.

"뭉호야, 그리고 리더들아. 우리가 한번 살다가 죽을 인생인데, 정말 우리는 주님을 위해서 멋있게 살고 주님을 위해서 멋있게 죽자. 너희도 선교하다가 죽어라. 나는 끝까지 선교하다가, 내가 마지막 숨 쉴 때는 찬양하고 기도하면서 떠나고 싶다."

'그렇다면 평양에서 돌아가신 건 본인이 말하고 기도하던 대로 그 꿈이 이루어진 것이 아닌가?'

나는 이런 상상을 하게 되었다. 최 선교사님이 평양 거리에서 쓰러지실 때, 심장이 멈추는 걸 느끼는 그 순간에 "할렐루야"를 외치셨을 거라고.

"내가 이 땅을 위해서, 이 땅에서 이렇게 간다. 주님, 이렇게 죽게 해주셔서 감사합니다. 할렐루야!"

선교사님은 틀림없이 그러셨을 것이다. 능히 그러고도 남을 분이다. 나는 그 마음을 느끼며 감사하고 감격했다. 사랑은 두려움은 물론 죽음까지 이기는 것이 분명하다.

최순기 선교사님을 후원한 어느 선교단체의 소식지에 '순기의 이제야 사건'이라는 제목으로 선교사님이 쓴 글이 있어서 소개한다. 선교사님의 마지막 순간을 생각할 때, 이 글이 생각났기 때문이다. 이 글이 게재된 소식지에 새생명교회 예배당 사진이 있는 걸 보면, 아마도 돌아가시기 얼마 전에 쓰신 글 같다.

누군가 사랑하면 누군가 산다

'순기의 이제야 사건'

양의 나라 몽골의 작년은 특히 추웠다. 먹을 것이 없고 입을 것이 없어서 200만 마리의 가축이 죽었다. 그 분들이 자식과 같이 아끼고 사랑하던 양들이 죽었다. 얼마나 가슴이 저리겠는가? 양들은 그렇게 죽었어도 추위에 떨고 있는 몽골 사람들의 영혼은 살려야 한다. 얼어붙은 그들의 마음을 녹여야 한다. 땅끝까지 이르러 내 증인이 되라는 주님의 명령에 무조건 순종해야 한다.

몽골의 선교 역사는 이제 겨우 10년이 됐다. 인구 260만의 몽골에, 선교 역사 10년 만에 0.3퍼센트의 크리스천이 생겼다. 예수님 당시 초대교회 때에 하나님의 이적이 충만했듯이, 몽골의 교회는 초대교회 그 현장이다.

몽골 새생명교회는 오늘도 하나님의 인도하심을 생생히 맛보고 있다. 교인들과 하나 되어 함께 울고 함께 웃으며 함께 사는 곳이 몽골 새생명교회이다.

그러던 어느 날 꿈에 하나님은 내게 오셔서 말씀을 주셨다. 스가랴 4장 7절이라는 글씨가 나를 누를 듯 크게 다가왔다. 하나님이 사무엘을 부르실 때와 같이 나는 벌떡 일어났다. 불을 켜고 성경을 찾았다. 스가랴 4장 7절을…. 두렵고 떨림으로 천천히 읽었다.

"큰 산아 네가 무엇이냐 네가 스룹바벨 앞에서 평지가 되리라."

아무것도 모르고 잠자던 나를 하나님은 급히 깨우시고, 앞으로 나에게 큰 산이 있을 것이라고 일러주셨다. 빈틈없으신 하나님은 그 큰 산을 어떻게 해야 평지로 만들 수 있는지 그 방법까지 가르쳐주셨다. 그것은 내 힘으로도 안 되고 능으로도 안 되고 오직 '나의 신'으로만 된다고 하셨다(슥 4:6). 그 큰 산은 몽골 땅에 교회를 건축하는 것으로 알았는데, 아니었다. 그것보다 더 큰 산이 내 앞에 가로놓여 있었다. 몽골의 고난은 이렇게 시작됐다.

그 산은 나 혼자 감당하기에는 너무나 큰 산이었다. 나는 그제야 하나님이 왜 그 밤에 그토록 강하게 스가랴 4장 7절 말씀을 내게 주셨는지를 알았다. 그 큰 산은 순기 앞에 평지가 될 것을 약속하셨는데, 그것을 감당해야 한다. 그 감당할 방법도 주셨는데, 첫째, 네 힘으로 하려고 하지 마라. 둘째, 네 능력으로는 절대로 안 된다는 것을 알라. 셋째, 오순절 다락방에 내려주셨던 보혜사 성령이 네 속에 충만할 때 그 산은 평지가 될 것이야, 라는 믿음이 마음에 잔잔히 흐르게 하셨다.

"오직 성령이 네게 충만히 임할 때 네게 능력이 임할 것이며, 그 능력으로 이길 수 있느니라"(행 1:8).

나는 열두 해 혈루병 앓던 여인처럼 나의 생명 되신 예수 그리스도의 말씀의 옷자락을 잡았다. 나는 그때부터 더욱더 무릎 꿇어 기도하기 시작했다. 이제야 기도한다는 것이 무엇인지 알게 됐다. 누군가 기도하면 누군가 살고, 누군가 기도하지 않으면 누군가 죽는다는 것을 알게 됐다.

이제야 말씀을 전하는 것이 무엇인지를 알게 됐다. 이제야 예수를 어떻게 믿어야 되는 것인지를 알게 됐다. 아니, 경험하게 됐다. 조금씩… 조금씩….

이때까지 머리로 알고 있던 것을 큰 산을 통해서 이제야 보았고, 이제야 만져봤고 이제야 경험했다. 내게 큰 산을 허락해주셨던 주님께 감사를 드린다. 그 큰 산을 평지로 만들어주신 주님께 감사를 드린다. 다윗에게도 허락하지 않으신 성전 건축을 만삭되지 못한 순기에게 허락해주신 주님께 감사를 드린다.

이제 사는 것은 내가 사는 것이 아니요 내 안에 계신 주님의 능력으로만 살기를 원한다.

"내가 이제야 네가 하나님을 경외하는 줄을 아노라"(창 22:12).

아멘.

사랑이 온전히 흘러갔는가?

몽골에 온 한국인 선교사 중에 유명해진 분을 대표적으로 꼽으라면《내려놓음》이라는 책을 쓴 이용규 선교사일 것이다. 그는 몽골에 한국인이 세운 대학교 중 하나인 몽골국제대학교(MIU)에서 교수로서 사역했다. 그가 몽골에 왔을 때 최순기 선교사가 사역하고 계셔서, 그가 쓴 책〈같이걷기〉에서 최 선교사를 추억하기도 했다. 그 책에서 최순기 선교사님에 대해 언급한 부분을 인용한다. 그의 글이 최 선교사님의 사역을 이해하는 데 도움이 될 것이다.

몽골에서 사역하다가 하나님 품에 안긴 최순기 선교사님은 부모가 없는 몽골 아이들을 자녀로 여기며 돌봤다. 거리의 아이들은 종종 선교사님 집안의 물건을 훔쳐 도망쳤다가 갈 곳이 없어 다시 돌아왔다. 그러면 최 선교사님은 아무 말 없이 함께 목욕탕에 가서 아이의 등을 밀어주고, 따뜻한 밥을 먹이고, 피곤할 테니 들어가 자라고 이불을 깔아주었다고 한다. 최 선교사님과 함께한 사람들은 "그분이 진짜 우리 아버지였다"라며 선교사님을 많이 그리워했다.

최 선교사님은 눈에 보이는 대단한 성공을 거둔 분은 아니었다. 성도 수가 200명이 안 되는 교회와 몇 개의 지방 교회를 세우고 돌보면서 관계 맺는 과정을 통해 사람들을 키워냈다. 선교사님이 보여준 예수님의 사랑으로 그들의 마음이 열리자 그들 안에 변화가 일어났다.

사역의 본질은 '관계 속에서 어떤 질적 변화가 있는가, 하나님의 사랑과 복음의 영향력이 온전히 흘러갔는가' 하는 점이다. 나는 사역에서 성공을 구하는 것이 하나님과 교제하며 그분의 음성을 듣고자 하는 열망보다 크지 않기를 기도한다. 사역의 성공이 자존감의 근거가 되지 않기를 소망한다.

하나님 나라는 결과가 아닌 과정에 있다. 하나님의 열심과 갈망이 나를 주장해, 내가 주님이 쓰시기에 편리하고 순전한 도구가 되기를 기도한다. (이용규, 〈같이 걷기〉 중에서, 규장 간)

15. 내 마음의 나침반을
　　　 자랑하다

나는 미국에서 신학 공부를 마쳤을 때, 기차를 타고서 혼자 미국의 수도인 워싱턴 DC에 여행을 다녀왔다. 미국의 중심 도시를 구경할 겸, '내가 하나님의 은혜로 유학도 잘 마쳤는데, 앞으로 인생을 어떻게 살아야 됩니까?'라고 기도하고 싶었기 때문이다.

　미국 수도의 거리를 걷고 있을 때, 갑자기 내 눈에서 눈물이 쏟아졌다. 지나가는 사람들이 '저 사람은 왜 저렇게 우는가' 하고 쳐다볼 정도로 펑펑 울었다. 한참을 울다가, 내 울음의 이유를 스스로 깨닫고서 이렇게 기도했다.

　"하나님, 나는 몽골 거리에서 아버지에게 버림받고 아무 희망도 없는 사람이었습니다. 방황하면서 도둑질하고 싸움질하고 다녔는데, 내가 하나님을 만나고 복음을 받고, 이렇게 미국 수도의 거리를 걷고 있다는 것 자체가 정말 하나님의 은혜입니다."

　나도 모르게 북받쳐 터진 감사의 눈물이었다. 그 순간, 내게 영감이 떠올랐다. 요셉이 생각났다.

　'내가 요셉 같은 인생을 살게 된 것이 아닌가? 그는 형들이 상인에게 팔아 애굽의 노예가 된 사람이다. 아무 희망도 없는 종이 되고 말았다. 나보다 가진 것이 더 없는 사람이 됐다. 하지만 하나님이 주신 꿈이 그에게 있었다. 그가 그 꿈을 버리지 않고 따라갔을 때, 애굽의 총리가 되는 삶의 변화가 있었다. 나도 지금 보니 요셉 같구나.'

내게도 요셉처럼 하나님이 주신 꿈이 있었다. 그건 최순기 선교사님을 통해 받은 복음 덕분이었다. 선교사님의 말씀과 복음이 준 꿈이 나를 이렇게 변화시킨 것이다.

방황하고 소망 없던 나에게

워싱턴 거리에서 하나님의 은혜를 생각하며 울고 난 다음, 나는 내가 받은 은혜를 글로 남기고 싶다는 생각이 문득 들었다. '내 글을 몽골 청년들이 읽으면 도움이 될 것'이라고 생각했다. 그래서 몽골에 돌아가기로 결심하면서 글을 쓰기 시작했다. 그 글이 《내 마음의 나침반》이라는 제목의 책으로 출판됐다. 방황하고 소망 없던 내 삶에 꿈이 나침반이 되어주었다는 뜻이다.

몽골의 시골엔 사막 같은 초원이 많다. 길이 있는 곳보다 평원에 길을 만들어 가야 하는 곳이 여전히 많다. 이런 곳에서 필요한 건 지도보다 나침반이다. 현재 나의 위치와 가야 할 방향을 알아야 하기 때문이다. 그래서 '꿈이 내 마음의 나침반 역할을

내 마음의 나침반
예수를 믿고 꿈을 가질 수 있었던
몽호의 간증 에세이다.

한 것'이라고 쓴 것인데, 몽골 독자들은 나침반이 말하는 개념을 바로 이해해주었다.

나는 내 이야기를 쓴 책이 여전히 낙심하고 있는 몽골의 젊은 이들에게 위로와 용기를 주기 바랐다. 내가 청소년일 때, 민주화가 된 몽골이었지만 삶이 변화될 희망이 별로 없었다. 그때 나 같은 청소년과 젊은이들은 이런 말을 주고받았다.

"우리는 먹을 것도 없는 환경에서 태어났다. 우리가 왜 이런 몽골에서 태어났을까? 내가 몽골 사람인 것이 저주 같다. 차라리 미국의 어느 부잣집에서 길러주는 강아지로 태어났다면 잘 먹고 살 텐데."

세상의 모든 젊은이들이 방황하고 낙심하는 이유는 현재의 삶과 상황이 변화될 수 없을 것 같아서다. 그러나 변화될 수 있다는 가능성을 발견하고 그것이 꿈이 되면 낙심에서 벗어날 수 있다. 내가 예수님을 만나서 변화의 가능성을 발견하여 꿈을 가졌던 것처럼.

나는 방황하던 10대에 삶이 변화되기를 기대했다. 그렇기 때문에 몽골의 다른 젊은이들도 나와 같은 마음일 것이라고 상상했다. 그래서 나는 내 이야기를 통해 몽골의 젊은이들에게 꿈을 나누고 싶었던 것이다. 그래서 그 책에 이렇게 썼다.

"지금은 우리에게 아무것도 없지만, 몽골에 태어난 것이 저주 같지만, 그러나 하나님만 만나면 꿈이 생긴다. 하나님께서 꿈을 주시기 때문이다. 그 꿈을 통해서 우리가 변화받을 수 있다."

노바디가 섬바디 되다

이 책에는 내 간증도 있지만, 하나님이 주신 꿈으로 변화받은 사람들의 이야기도 담았다. 특별히, 책의 주인공을 나 대신 영어로 노바디(Nobody), 즉 '아무것도 아닌 사람'으로 설정했다. 내가 이름도 없고 아무것도 아닌 사람이었다는 뜻이다. 노바디의 이야기는 대강 이러하다.

'노바디'가 몽골 거리를 방황하고 다녔다. 꿈과 희망이 없다고 낙심해서 주저앉았다. 어떤 사람이 그 앞에 나타났다. 그 사람의 영어 이름은 와이즈맨(Wiseman), 지혜자였다. 그는 사실 예수님을 상징하는 인물이다. 와이즈맨이 노바디에게 물었다.

"너는 누구인데, 왜 이렇게 주저앉아 있느냐?"

"나는 꿈도 없고 돈도 없고 아무것도 없는 노바디입니다. 이렇게 사느니 그냥 죽는 게 낫겠어요. 내가 왜 하필 몽골에서 태어났는지 모르겠습니다. 내 인생은 정말 저주받았어요. 내 팔자는 왜 이렇게 비참할까요?"

와이즈맨이 노바디에게 말했다.

"네 손 하나를 잘라서 나에게 달라. 그러면 내가 가진 금 상자에서 금덩이 하나를 네게 주겠다. 네 손과 금덩이를 바꾸자는 거다."

"뭐라고요? 제아무리 금이 좋아도 내 손을 어떻게 자른단 말입니까? 내가 아무리 돈이 아쉬워도 그건 못하지요."

그러자 와이즈맨이 이번엔 다른 제안을 했다.

"손 자르기가 그렇게 싫으면, 네 눈 하나를 빼주는 건 어떤가? 남은 눈 하나로 세상을 보고 살 수는 있으니까. 네 눈을 빼준다면 금덩이 두 개를 주겠다."

"나 참 기가 막혀서! 멀쩡한 눈을 어떻게 빼줍니까? 내가 아무리 노바디라지만, 그것도 못 합니다."

"거봐라. 네가 노바디라고 했지? 그런데 아무것도 아닌 게 아니로구나. 네가 가진 게 얼마나 많으냐? 네가 평생 일해도 못 벌 비싼 금덩이보다 네 손과 눈이 더 비싸지 않으냐? 이 금덩이를 다 준다 해도 너는 네 피 한 방울과 피부 한 조각하고도 바꾸지 않을 거야. 그러니 네가 얼마나 대단한 부자냐? 그런데도 네가 저주받은 인생이라고?"

"비록 지금 네가 가진 것이 아무것도 없고 형편도 어렵지만, 볼 수 있는 눈을 가지고 일할 수 있는 손과 발이 네게 있으니, 너는 앞으로 뭐든지 할 수 있다. 그러니 이렇게 주저앉아 있지 말고 어서 일어나라! 네겐 꿈이 있다. 그 미래를 향해 걸어가라."

와이즈맨의 말을 들은 노바디는 정신을 차렸다. 용기를 내서 일어섰다. 그러자 와이즈맨이 노바디에게 책 하나를 선물했다. 그건 사실 성경책을 의미하는 것이다.

"이 책이 네 인생에 꿈을 주고 나침반이 될 것이다. 이 책이 말하는 대로 따라가면 너는 꿈을 꾸게 되고, 꿈꾸는 대로 정말 좋은 미래로 여행을 떠나게 될 것이다. 그러니 이 책과 함께 떠나라. 이 책이 네게 꿈의 나침반이 될 것이다."

노바디는 와이즈맨의 말을 듣고 불현듯 꿈이 생겼다.

"그래, 어디 한번 해보자."

노바디는 와이즈맨에게 받은 책을 읽으면서 긴 여행을 떠났다. 길을 잃고 방황할 때도 있었지만, 그럴 때마다 와이즈맨이 준 책을 읽으니 길이 보이고 희망이 솟구쳤다. 그 책은 마치 몽골 초원에서 방향을 알려주는 나침반 같았다. 결국 노바디는 훗날에 섬바디(Somebody), 어엿하게 이름을 가진 사람이 되었다.

누군가 사랑하면 누군가 산다

교회가 꿈을 전하는 장소 되기를

내 꿈이 실현된 이야기를 담은 이 책이 감사하게도 베스트셀러가 됐다. 믿지 않는 사람들이 많이 읽은 것 같아 더 감사하다.

빈부격차와 부정부패로 삶이 공평하지 않다고 생각하는 몽골 아이들이 많다. 부잣집 아이는 공부를 잘할 수 있지만, 가난한 집 아이는 공부할 수 없다고 생각한다. 그래서 아예 꿈을 가질 수 없다는 것이다. 현실은 그럴지 몰라도, 그러나 현실 때문에 꿈도 못 꾼다는 건 안타까운 일이다.

나는 꿈을 꿀 수 없는 환경에서 살던 사람이었지만, 선교사님을 통해 복음을 받고 꿈을 갖게 되었다. 이제는 몽골에 개척하는 교회들과 복음을 통해 아이들에게 꿈을 갖게 해주고 싶다. 교회가 아이들에게 꿈을 전하는 장소이기를 바란다. 내가 교회에서 최 선교사님을 만나 변화되고 새 생명을 얻은 것처럼, 칭기즈칸의 후예인 몽골의 아이들이 꿈과 용기를 되찾고 미래의 지도자가 되도록 돕고 싶다. 이와 같이, '꿈을 주는 사역'을 하려고 이 책을 썼다.

책이 유명해지자 몽골에서 가장 큰 텔레비전 방송국(Mongol National TV)에서 출연 섭외가 왔다. 책의 내용 중에서 종교, 특히 성경 이야기만 빼고 나의 이야기만 말하라는 것이었다. 그래도 방송에서 꿈 이야기를 할 수 있다는 건 기회라고 생각해서 출연하기로 했다. 내게는 생방송으로 무려 한 시간 동안 말할 기회가 주어졌다. 마침 500명에 달하는 방청객 대부분이 젊은 학생들이었다. 약속대로 성경 이야기는 한마디도 안 했지만, 결국 설교할 때처럼 이야기하게 되었다.

녹화가 끝나자 학생들이 내 책을 들고 와 사인을 받았다. 몇몇 학생들이 물었다.

"선생님, 혹시 교회 다니십니까? 내용 중에 성경 이야기 같은 게 많아서 혹시 그러신가 생각했습니다."

나는 방송국과의 약속대로 성경 구절을 말하지 않고 그 내용만 인용했을 뿐이다. 그 학생이 그걸 알아들은 걸 보면 크리스천 같았다.

"맞습니다. 나는 목사입니다."

"역시 그러시군요! 은혜를 많이 받았습니다. 저는 교회를 다닌 적이 있었는데, 이제는 신앙생활을 잘해보겠습니다."

아버지와 같이 쓴 책

내가 쓴 다른 책은《유대인의 블랙박스》이다. 몽골 사람들은 지리적으로 중국과 가깝지만 중앙아시와와 중동지역에 대한 관심이 높다. 특히 이스라엘과 유대인에 대한 관심은 지대하다. 경제적 자립과 발전을 기대하기 때문에, 세계적으로 부자가 된 유대인에게 궁금한 점이 많은 것 같다.

유대인의 블랙박스
뭉흐는 성경 지식을 기반으로, 아버지는
경제 지식을 기반으로, 부자가 공저했다.

이 책은 내가 아버지와 함께 쓴 것이다. 아버지는 러시아에서
경제학을 공부하면서 유대인의 경제에 대해서도 알게 되는 것이
많았기 때문이다. 나는 미국에서 유학할 때 지도교수인 코헨 박
사님이 유대인이었으므로, 신학 공부를 하면서 유대인에 대한
공부도 같이 할 수 있었다. 그래서 나와 아버지는 서로의 지식과
관심사를 보완하여 이 책을 같이 쓸 수 있었다. 앞부분은 아버지
가 연구한 경제 분야를 다루고, 뒷부분은 내가 성경을 참고해 유
대인을 설명하는 식으로 썼다.

우리 아버지는 뒤늦게 예수를 믿으셨다. 처음엔 내가 예수 믿
는 것을 반대하셨다. 몽골이 공산국가에서 민주국가로 바뀌는
동안에도 나라 일을 계속한 분이라, 내가 국비 장학금을 받아 일
반 학문을 공부하기 바라셨다. 그래서 내가 신학, 즉 아버지 생

각으로는 '교회 일'을 배우러 유학 간다고 하니까 "너는 바보다"라는 말까지 하셨다. 내가 공직의 길을 가지 않으려 해서 화를 내셨다.

하지만 나중에 내가 목사가 되고 교회를 섬길 때, 아버지는 최 선교사님도 만날 겸 교회에 오셨다. 그때 최 선교사님이 내게 하시는 말과 행동을 보고 마음을 열게 되었다. 아버지는 이혼하고 나를 버리고 떠났지만, 교회에 와보니 선교사님 부부가 나를 자식처럼 돌보고 있다는 걸 알았기 때문이다. 아버지는 그걸 보고 자신의 지난날을 뉘우친 것 같다. 자신은 아들을 버리고 떠났는데, 최 선교사님이 자기보다 더 아들처럼 사랑해주는 모습을 보고 감동받은 것이다. 그래서 아버지도 교회를 다니기로 하고 예수님을 믿기 시작했다. 그렇게 해서 나는 아버지와 관계를 회복하였고, 이 책을 같이 쓸 수 있었다. 이 책도 베스트셀러가 됐다.

'성경의 열쇠'를 쓰다

내가 세 번째로 쓴 것은 '전도책'이다. 내가 예수님을 믿게 된 것은 전도지 덕분이었다. 그 결과로 지금의 내가 된 것이다. 이제는 외국인이 만든 전도지가 아니라, 몽골 사람이 직접 쓴 전도지가 필요하다고 보았다.

네 번째로, 오랜 시간을 들여 쓴 것이 《성경의 열쇠》라는 성경

입문서이다. 몽골의 1세대 목회자로서 성경을 강해할 책임도 느꼈고, 그 내용을 방송으로도 전해야 했기 때문이다.

내가 미국에서 유학하고 돌아왔을 때는 몽골에 복음이 들어와 교회가 생긴 지 10년이 되어갈 무렵이었다. 하지만 여전히 신학과 성경에 대한 이해가 부족했다. 이단도 많이 들어와 있어서 성경을 바르게 가르치는 일이 필요했다. 나는 성경을 깊이 있고도 제대로 알 수 있도록 성경 연구에 힘썼다.

예수를 믿었던 초기에는 나도 최 선교사님처럼 설교하고 싶어서 선교사님 방에 있는 한국과 미국의 신앙서적들을 읽으려 했다. 그래서 한국어와 영어를 더 열심히 공부했다. 내 한국어 실력이 한국어로 설교 통역을 한 다샤 만큼은 아니지만, 몽골 사람

성경의 열쇠
몽골인을 위해 쓴 성경 개관서. 아기를 안고서 성경을 읽는 몽골 아빠의 그림은 유명한 몽골 화가의 작품이다.

치고 꽤 잘하게 된 것은 성경을 더 알고 싶어서 한국의 신앙서적을 열심히 읽었기 때문이다. 나중에는 한국에서 성경 관련 도서를 더 많이 구해와 공부했다. 기독교 서적을 읽을 때마다, 몽골 기독교인들에게 이 책들의 내용을 정리해서 읽히면 좋겠다는 바람이 생겼다.

나는 시골에 가서 지도자 학교를 섬겼는데, 그들이 공통으로 하는 말은 "성경을 읽어도 무슨 말인지 몰라 어렵다"는 것이었다. 몽골 교인의 눈높이에 맞게 쉽고도 기초적인 설명이 잘 돼 있는 책이 필요하다는 것을 다시 확인했다. 그래서 내가 공부한 것을 정리해 몽골어로 쓴 책이 바로《성경의 열쇠》인 것이다. 창세기부터 계시록까지, 책마다 3페이지 정도씩 요약하고 각 성경이 무슨 내용인지 설명한 일종의 성경 개관서이자 입문서이다.

이 책이 나오자 몽골 기독교 방송에서 출연 요청이 왔다. 방송에서 성경을 가르치라는 것이었다. 그래서 처음엔 마태복음부터 계시록까지, 책마다 각각 40분씩 강의한 영상을 30편 이상 녹화했다. 이 강의를 준비할 때 내게 큰 도움을 준 것은 한국 기독교 방송에서 만든 '성서학당'이다. 그 프로그램의 신학자들과 목사님들의 강의가 내게는 매우 유익했다. 미국 신학자와 목사님들의 강의 방송과 녹음테이프도 참고했다. 신약 강의 방송을 마치자 구약도 해달라고 해서, 창세기부터 시작해 총 70편의 영상을 녹화했다. 이걸 모두 해내는 데 3년이 걸렸다. 내가 쓴《성경의 열쇠》책과 성경 강의 영상이 몽골 교회에 기여하기 바란다.

누군가 사랑하면 누군가 산다

Joshua Munkh
5d · 🌐

Бурханы Үг хамгийн гайхамшигтай вакцин

조수아 뭉흐의 온라인 사역
순전한 기독교를 강의 영상을
통해 전하는 뭉흐의 유튜브.

온라인 사역으로 축복의 통로가 된다

몽골은 유목민이 많다. 지방에 사는 사람들은 성경을 배우고 싶
어도 한 자리에 모여 공부하기 어렵다. 건물을 아무리 잘 지어도
찾아오기 어렵다. 하지만 스마트폰으로는 어디서나 볼 수 있다.
인터넷이 발전되었고, 스마트폰이 없는 사람이 거의 없기 때문이
다. 그래서 어디에 살든, 심지어 이동하면서도 공부할 수 있다.

우리는 페이스북과 유튜브를 통한 온라인 교육 사역을 시작했
다. 조수아 뭉흐(Joshua Munkh)라는 이름의 내 유튜브 계정에 매

주 목요일마다 성경공부 영상을 올린다. 이것을 페이스북에도 올린다. 몽골은 전세계에서 인구 대비 페이스북을 가장 많이 쓰는 나라로 알려져 있다.

목요일에 성경 강의 영상을 올리는 건 최순기 선교사님과 함께 목요일마다 성경공부 모임을 했기 때문이다. 이것은 '몽골 교회가 성경으로 돌아가자'는 운동의 일환이기도 하다.

내가 성경을 가르치는 온라인 사역을 하는 이유는 몽골 교회 1세대 목사로서 몽골 교회 전체에 책임이 있다고 생각하기 때문이다. 한 교회의 목회자라는 생각만 하면 큰 교회를 하고 싶은 욕심이 생길 수 있다. 하지만 몽골 교회는 하나라고 생각한다. 나는 몽골 교회 전체를 세워주고, 축복의 통로가 되고 싶다. 그래서 흩어져 있는 교회들을 찾아다니면서 사역하고 지도자를 세우는 것이 나의 책임이라고 생각한다.

16. 선교사를 후원한
교회가 받은 축복

최순기 선교사님도 서울 영락교회 출신이지만, 나(유영기 목사)
의 가족도 할머니부터 그 교회를 다녔다. 그래서 미국에 와서도
나성영락교회에서 친하게 지내는 사이가 되었다.[1]

최 선교사님은 맏아들이다. 그 밑으로 여동생과 남동생(최홍
기 장로), 그리고 또 여동생과 남동생, 그렇게 해서 3남 2녀이다.
나는 이 중에 둘째 여동생(넷째)과 동갑이지만, 그 집의 남매 중
에 친구처럼 지낸 이는 두 살 아래인 막내아들이다. 최 선교사님
은 나보다 10살 연상이어서, 어렸을 때는 형님이라고 부르지도
못할 만큼 어려웠다.

내가 어리고 거듭나기 전에는 교회를 다니면서도 최 선교사님
의 막내동생과 술을 마시기도 했다. 우리집은 LA 시내에서 1시
간 반 떨어진 헌팅턴 비치였는데, 친구와 어울려 놀려고 코리아
타운까지 가곤 했다. 그때 한국 노래를 들으려면 한국 술집에 가

---

1   16장은 최순기 선교사님과 새생명교회를 후원해오신 유영기 목사님의 증언을 정리한 것입니다.

야 했기 때문이다. 노래방이 유행하기 전의 일이다.

하루는 내가 친구들과 새벽 두 시까지 놀다가 잘 데가 없어서 최 집사님 댁에 전화를 했다. 막내는 그때 집에 있었다. 휴대폰이 있었다면 막내에게 직접 전화했겠지만, 집 전화만 있던 시절이라 어쩔 수 없었다. 막내가 전화 받기를 바랐는데, 새벽이라 큰형님인 최 집사님이 받으셨다. 다짜고짜 "이 새벽에 어떤 XX가 전화하고 XX이야" 하고 욕을 하셨다. 나는 놀라서 바로 끊었다. 아마 내 전화라는 걸 눈치채고 일부러 그러셨던 것 같다. 훗날 그 이야기를 하면서 같이 웃었는데, 사실 그때는 최 선교사님도 말이 교회 집사였지, 사는 모습이 세상적이긴 우리와 크게 다르지 않았다.

최 집사 댁에 일어난 기적

어느 날, 최순기 집사가 목사가 되고 선교사로 서원하게 된 '큰일'이 일어났다. 둘째 딸이 3층에서 떨어지는 사고가 일어난 것이다. 머리가 땅에 부딪혀 정신을 잃었는데, 살아나도 정상으로 회복되기는 어렵다는 게 의사의 말이었다.

딸이 혼수상태에 빠져 있을 때, 최순기 집사가 목숨을 거는 심정으로 하나님께 매달리는 걸 나는 옆에서 지켜보았다. 그 일이 일어나기 전까지 읽지도 않던 성경을 딸의 귀에 대고 밤낮으로 읽어주며 찬송가를 불러주던 모습이 내게 얼마나 큰 감동과 도전이었는지 모른다. 딸은 8일 만에 깨어났고, "떨어질 때 천사가 받아주었다"는 간증까지 했다. 선교사님과 그 가족이 체험한 기적이었다.

그의 집에는 하나님의 기적을 체험한 특별한 일이 또 있었다. 막내동생이 미국 군대를 다녀온 다음인 1980년 무렵으로 기억한다. 나이가 스물다섯쯤 됐을 때인데, 속이 너무 아파서 병원에 갔더니 위암 혹은 간암일 거라는 복잡한 진단을 받았다. 배를 열어보니 내장 전체에 암세포가 번진 상태였다. 의료진이 수술을 포기하고 스테플러로 닫기만 한 다음, 가족 친지들에게 면회를 허락했다. 살 가망이 없다는 뜻이었다. 나는 막내와 친했으므로 자주 문안을 갔다. 한국에서 그런 정도의 중환자는 면회하기 어려운데, 미국의 병실 문화는 한국과 달라서 가능한 일이었다. 최순기 선교사가 코마 상태의 딸 곁을 지킬 수 있던 것도 그 때문이었다.

막내는 수술받은 뒤 40일간 아무것도 먹지 못했다. 언제 죽을지 모를 중환자라 가족과 친지들이 그 곁을 늘 지켰다. 그랬는데, 40일이 지난 어느 날, 갑자기 '급하다'고 해서 화장실에 앉혀주었다. 그랬더니 엄청난 양의 배변을 했다. 가족과 의료진이 비상이 걸려 지켜보고 있는데, 어이없게도 "배가 고프다"면서 뭐든 먹고 싶다고 했다. 곧 죽을 것 같던 사람이 그러니까 의료진은 말이 안 된다고 음식 섭취를 반대했는데, 막내는 의료진과 가족과 친지 등 무려 30여명이 지켜보는 가운데 에그 스크램블을 먹었다. 그리고 하루가 다르게 회복되기 시작하더니, 결국 완치 판정을 받았다. 놀랍게도 결혼해서 딸도 낳았고, 지금까지 잘 살고 있다.

최 선교사님은 동생에게 일어난 기적을 본 것도 큰 충격이었지만, 자신의 딸이 죽을 지경에 이르자 진정한 회개와 더불어 하나님께 자신을 드리는 결심을 하게 됐다고 간증했다. 딸이 회복되면서, 집사 최순기는 곧바로 신학교에 입학했다. 그리고 신학교에 다니던 1992년, 내가 LA영락교회 부목사일 때, 최 집사의 큰딸을 포함한 대학생 10명과 어른 10명과 같이 몽골단기선교에 참가했다. 그리고 2년 뒤에 몽골 선교사가 되었다. 생각해보면 대단한 헌신이었다. 최순기 선교사님 세대만 해도, 주의 종은 모든 걸 희생해야 한다는 개념이 많았다. 가족보다 소명과 사역이 먼저였다. 선교사님은 특히 그랬다. 그래서 신학교를 졸업하고 안수받자마자 가족을 두고 먼저 몽골에 왔던 것 같다.

첫 번째 몽골단기선교팀에는 최순기 선교사님의 큰딸 크리스틴과 나중에 큰사위가 된 데이빗 박도 있었다. 같이 갔던 어른들은 일주일간 있다가 돌아왔지만, 크리스틴을 비롯한 대학생들은 한달을 머물며 여름학교 교사 사역을 했다. 아마도 그때 크리스틴과 데이빗이 눈이 맞았던 것 같다. 몽골이 이 가족에게는 이래저래 중요한 역할을 한 셈이다. 데이빗 박 목사는 훗날 장인 최선교사님이 돌아가신 후에 몽골에 들어와 3년 넘게 사역하면서,

누군가 사랑하면 누군가 산다

장인 대신 새생명교회를 목회하며 이양과 자립을 도왔다. 그 덕에 뭉흐가 미국에서 풀러신학교 유학을 마저 할 수 있었다.

몽골의 선교 문이 열리자마자

내가 1992년 6월, 처음 몽골에 왔을 때 몽골 경제 사정은 정말 어려웠다. 당시 1달러당 몽골 화폐 환율이 600투그룩이었는데, 울란바토르 시내버스 요금이 1투그룩이었다. 하지만 돈이 있어도 살 것이 없었다. 내가 미화 10불을 투그룩으로 환전했는데, 그걸 다 못 쓰고 돌아갔을 정도였다.

러시아 식당이 하나 있어서 가봤더니 메뉴판이 없었다. 식재료를 확보할 수 없어서 그때그때 구할 수 있는 것으로 음식을 했기 때문이다. 밥값이 1인당 80센트 정도였는데, 콜라 한 캔은 독일에서 수입해오는 거라 그런지 무려 1불 40센트였다. 음식도 양고기에 국수 몇 가락이고, 운이 좋으면 감자 몇 조각이 들어 있었다. 나는 음식을 가리지 않아 잘 먹었지만, 어떤 사람은 양고기가 냄새난다고 먹지 못했다. 가지고 간 컵라면으로 연명하다가, 막판에는 며칠을 굶어야 했다.

우리가 처음 몽골에 갔을 때는 아직 몽골인들만의 교회가 없었다. 영국 성경번역 선교사인 기븐스가 몽골 여성과 결혼해 몽골에서 사역하면서 영어로 예배드리는 국제교회(International

Church)를 하고 있었다. 한인 선교사로는 몽골에 가장 먼저 왔던 황필남 선교사가 교회를 개척하고 있었다. 기독교인이 거의 없었다. 거리에서 전도하는 일은 모험에 가까웠다. 그래도 우리가 거리에서 찬양하고 전도하자 순식간에 사람이 모였다. 하지만 내가 영어로 설교하는 걸 통역하는 몽골 청년이 영어를 잘 하는 편이 아니었다. 그래서 걱정스러웠는데, 일단 이렇게 말했다.

"여러분, 하늘을 쳐다보세요."

그랬더니 통역이 잘 됐는지 다들 하늘을 쳐다보았다.

"이제는 땅을 내려다보세요."

그러자 땅을 내려다봤다.

"그럼 이제 주위를 돌아보세요."

그랬더니 두리번거렸다. 통역이 되는 것 같아 자신감이 생겼다. 이렇게 전도설교를 시작했다.

"제가 이제부터 이 하늘과 땅, 그리고 여러분을 만드신 분에 대해 말씀드리겠습니다."

한참 설교하고 있는데, 갑자기 술 취한 사람이 와서 시비를 걸었다. 나는 몽골어를 모르니까 대꾸하지 못하고 당황스럽기만 했는데, 다른 몽골 사람들이 그를 말리는 것 같았다. 나중에 통역이 해주는 말을 들으니, 그 취객은 "네가 말하는 그건 서양 신인데, 몽골에 와서 왜 서양 신을 전파하느냐?"라고 따진 것이었다. 하지만 다른 사람들이 "저 사람이 무슨 말 하는지 들어나 보자"고 했다는 것이다. 그들이 들어준 덕분에, 설교한 다음에는 사영리로 일대일 전도를 했다.

피츠버그한인중앙교회의 단기선교

최순기 선교사가 두 번째로 몽골에 갔던 1993년에 나는 피츠버그한인중앙교회 담임목사로 부임하면서 동참하지 못했다. 그래서 최 선교사님이 학생들을 인솔하고 갔는데, 그때 뭉흐 목사를 비롯한 몽골 청년들과 친해졌다. 그런 다음부터 본격적으로 몽골 사역을 시작했던 것이다. 나는 최순기 선교사님과의 인연으로, 선교사님이 사역하실 때는 물론이고 돌아가신 다음에도 몽골을 10번 넘게 방문하였다. 주로 신학교와 지방의 지도자학교에서 강의하면서 몽골의 목회자들을 세우는 사역이었다.

나는 1996년에 의료선교팀을 꾸려서 몽골에 갔다. 그 교회에는 유난히 의사들이 많아 의료선교팀을 꾸리기가 비교적 수월했다. 우리는 새생명교회가 교회를 개척하고 있다는 바양어쇼에서 의료선교를 했다. 이틀 동안 무려 1200명 이상이 진료받고 약을 받아갔다.

의료선교에 보람을 느낀 피츠버그한인중앙교회의 의사들은 이듬해 97년에도 의료선교팀을 모집했다. 이번에는 기대하지 못한 분들이 지원했다. 교회에서 차로 1시간 반 넘게 떨어진 곳에 사는 의사와 간호사 부부였다. 교회에 자주 나오던 분들이 아니었다. 사연을 들으니, 부인이 큰 수술을 받고 나서 심경에 변화가 생긴 것이다. 이분들이 몽골에 왔을 때, 새생명교회의 몽골 청년들이 한국말로 축복하는 찬양을 불러주었다. 이 부부는 그들에게 큰 도전과 감동을 받았다. 자기들은 평생 교회를 다녔지만, 몽골 사람들이 한국어 찬송을 더 많이 아는 걸 보고 놀랐기 때문이다. 그들처럼 뜨겁게 기도하지 못한다는 게 부끄러웠다고 고백했다. 이분들은 몽골에서 큰 은혜를 받아 이후에는 아예 의료선교에 헌신하게 되었다. 남미 아르헨티나의 인디언 오지 마을에 가기도 했다.

피츠버그한인중앙교회의 의료선교를 통해 바양어쇼에 예배당이 세워지는 기적도 있었다. 새생명교회가 아직 예배당이 없을 때였다. 피츠버그 교회의 박영혜 권사님이 97년에 의료선교팀을 따라왔는데, 하나님이 마음을 주시면 필요한 곳에 헌금하겠다고 1만 불을 가지고 왔기 때문이다. 선교 현장에서 감동받은 박 권사님은 최 선교사님과 새생명교회 교인들에게 필요한 것이 무엇인지 물었다. 그러자 그곳에 예배당을 세우는 것이 기도제목이라고 답했다. 얼마면 지을 수 있겠는지 물었더니, 1만 불이면 될 것 같다고 했다. 권사님은 그 마음을 주신 하나님 앞에서 크게 우셨다.

평생 선교사로 헌신하지는 못해도, 단기선교를 가보면 이렇게 신앙이 변하게 된다. 현지에서 하나님이 일하시는 현장을 경험하기 때문이다. 97년 의료선교에는 치과 의사도 동행했는데, 그가

누군가 사랑하면 누군가 산다

가지고 갔던 고가의 콤프레서 등의 치과 기계들을 당시 몽골에서
사역중이던 세브란스병원 의료봉사팀에게 기증하기도 했다.

교회가 선교에 참여할 때 생기는 추억

새생명교회는 1998년에 바양어쇼에 새빛교회를 지었다. 하지만
2000년이 될 때까지 자기 교회 건물이 없었다. 교회가 개척된 뒤
6년 동안 10번이나 쫓겨나고 이사 다닌 새생명교회의 기도제목
은 당연히 예배당을 세우는 것이었다. 나는 나름대로 어떻게 도
와드리면 될지 기도했다. 그러다 에스겔서 34장을 보게 되었다.
살찐 양과 파리한 양이 비교되는 이야기이다. 그때는 마침 내가
목회하던 나성북부교회에 교인들이 늘면서 교회를 신축하거나
개축할 필요가 있었다. 그래서 건축 헌금을 모으는 중이었다. 그
런데 에스겔서 말씀을 보니, 우리 교회는 살찐 양이고 몽골 교회
는 파리한 양으로 보였다. 우리도 예배당을 건축할 자금이 부족
하지만, '그들을 모른 척하는 것이 맞는가' 하는 마음이 들었다.
　나는 최 선교사님에게 새생명교회가 건축하려면 얼마가 필요
한지 물었다. 그때는 새생명교회가 부지는 마련해둔 상태라, 건
축비가 10만 불 정도 들 것 같다고 하였다. 그래서 마음 같아서
는 10만 불을 보내주고 싶지만, 교회가 부담을 느낄 것 같아서
기도하는 가운데, "우리 교회가 전부는 못 해드려도 절반은 해

드리자"고 당회에 제안했다. 공동의회에서도 대부분의 교인은 동의했지만, 몇몇 교인은 "우리 교회도 건축비가 모자란데, 왜 그 멀리 있는 몽골 교회를 돕느냐"고 반대했다. 다행히 5만 불을 보내드리기로 교회가 결의할 수 있었다. 거기에 장로님 한 분이 개인적으로 1만 불을 보태 6만 불을 보내드렸다. 나머지 건축비는 다른 한인교회들과 후원자들이 힘을 보탠 것으로 안다.

사실 새생명교회가 말한 10만 불은 자재비에 불과했다. 교인들이 직접 공사에 참여하여 인건비를 아낄 수 있었다. 실제로 건축하는 과정에서는 비용이 더 들었다고 한다.

새생명교회의 헌당예배 때 몽골에 갔다. 완공된 모습과 건축 과정을 담은 비디오를 교인들에게 보여주었더니 모두 감동하였다. 우리 교회의 건축비를 십일조 하듯 미리 떼어서 선교지 교회부터 세운 것이 놀랍고 자랑스러웠다. 그런데, 나성북부교회는 새생명교회가 지어진 다음에 더 놀라운 체험을 하였다.

나성북부교회는 원래 땅을 구입해서 새 예배당을 건축하고 싶었다. 하지만 그건 돈이 너무 많이 들었다. 예배당 바로 옆에 상가 건물이 있었는데, 그 건물을 구입해 고쳐 쓰면 되겠다 싶었다. 그 건물 한 개 층의 3분의 1을 이미 교육관으로 사용하고 있었기 때문이다. 하지만 건물주에게 물어본 건물 가격이 비쌌다. 230만 불 이하로는 말도 붙이지 말라고 했다. 그래서 이러지도 저러지도 못하고 있었는데, 희한하게도 우리가 몽골에 5만 불을 보내고 난 다음에 건물주가 185만 불에 '오퍼'를 내라는 연락이

누군가 사랑하면 누군가 산다

왔다. 아무 이유 없이 45만 불이나 할인해주겠다는 말이었다. 당시 부동산 가격이 하락하는 분위기도 아니었다. 그래서 그 건물을 나성북부교회가 구입하기로 결정할 수 있었다.

구매 계약을 완료하기 전에 건물 점검을 하기로 했다. 미국에서는 건물을 구입할 때 '웍스루'(walk through)라고 해서 구매자가 건물 전체를 자세히 둘러보는 관례가 있다. 혹시 이상이 없는지 눈으로 일일이 확인하는 것이다. 우리는 전기와 배수 시설 등이 낡은 점과 몇 가지 문제를 지적했다. 그러자 그 자리에서 5만 불을 또 깎아주었다. 그래서 결국 처음에 들은 금액에서 50만 불이나 싸게 그 건물을 구입하게 되었다. 나는 교인들에게 농담처럼 말했다.

"아이고, 우리가 몽골에 10만 불 다 보내드릴 걸 그랬어요. 그랬다면 50만 불 아니고 100만 불을 깎아서 샀을 텐데 말이에요."

교회가 하나님이 하시는 일, 특히 선교에 동참할 때 이런 체험을 하면 그 교회에는 아주 중요한 추억이 된다. 선교 사역에 힘을 합했을 때, 하나님께서 어떤 역사를 하시는지를 보는 것이다. 이것이 교회가 존재하는 이유이자 선교를 계속할 수 있는 이유가 된다.

좌우간, 몽골 새생명교회 건축에 우리 교회가 동참할 수 있어서 너무나 감사한 체험을 할 수 있었다. 이 이야기는 뭉흐 목사를 비롯한 몽골 새생명교회 교인들에게도 도전이 됐다. 그들도 '새생명교회가 아직 예배당이 없는 상황에서, 왜 달동네에 먼저 개척 교회를 지어주어야 하는가?' 하고 생각했던 것이다. 하지만 97년에 의료선교팀을 따라왔던 권사님이 헌금하여 개척 교회를 먼저 지을 수 있었고, 이후에 우리 교회의 후원이 보탬이 돼 새생명교회를 짓게 되었다. 그러자 그들도 우리와 똑같은 체험을 했다고 고백하였다.

생각해보면, 몽골 교회를 위해 한인교회뿐 아니라 많은 분들이 기도하고 후원해주셔서 몽골 사역이 잘 이루어진 것 같다. 선교하는 교회는 하나님께서 복을 더 주시고 부흥하며, 건강한 교회가 될 수 있다는 걸 체험적으로 확신하게 되어 감사드린다.

무엇보다 내가 최순기 선교사님과 함께 선교에 동역할 수 있었던 것이 특히 감사하다. 그래서 최 선교사님이 나보다 일찍 돌아가신 것이 늘 아쉽다.

'선교 이양'의 전략적 모델

내가 최순기 선교사님을 마지막으로 본 때는 2006년 2월이다. 그때도 몽골에 단기선교로 간 것인데, 평소 활기 넘치던 목사님이 아침에 일어나 숨을 몰아쉬고 앉아 계시는 모습을 보았다. 그래서 내가 "아이고 형님, 연세가 드셨나, 왜 이래요?" 그랬더니 "잘 모르겠다"고 힘없이 답하셨다. 그래서 그냥 그런가 보다 했다. 그때 몽골 사역을 마치고 나는 한국에 갔는데, 최 선교사님

누군가 사랑하면 누군가 산다

도 선교사들의 모임이 있다고 같은 비행기를 타고 한국에 갔다.

서울에 도착한 날에도 같은 숙소에 있었는데, 소화가 안 된다며, 저녁 생각이 없다고 혼자 숙소에 있겠다고 하셨다. 다음 날 아침도 마찬가지였다. 나는 그저 '많이 체하셨나 보다' 생각하고 말았다. 하지만 나중에 생각해보니, '그때 내가 좀더 신경썼더라면 돌아가지 않으실 수도 있었다'라는 생각이 들어 안타까웠다. 그러고 나서 한 달이 채 안 돼 목사님이 돌아가셨다는 소식을 들은 것이다.

나는 교회에서 의사들을 많이 알았기 때문에 비교적 의학 상식이 많은 편이다. 상식적으로도 이상하게 생각했어야 했다. 최 선교사의 상태를 소화불량으로 볼 것이 아니라 심장 이상과 연결하지 못한 것이 너무나 아쉽다. 심장이 안 좋으면 마치 소화가 안 되는 것처럼 위가 뻐근한 증세가 느껴진다는 걸 들은 적이 있었기 때문이다.

최 선교사님은 자기가 죽거들랑 슬퍼하지 말고 할렐루야 찬양을 기쁘게 불러달라고 유언했지만, 나는 할렐루야 찬양을 들으면서도 한편으로는 슬픔이 가시지 않았다. 아들같이 딸같이 키웠던 몽골 교회의 제자들은 말할 것도 없이 애통해했다. 교회의 현실적인 기둥이자 아버지 같은 분을 잃고 나자 한동안 매우 어려워했다.

그래도 돌이켜보면 감사한 것은, 아들처럼 키운 뭉흐 목사가 새생명교회의 담임이 되어 최 선교사님의 선교 비전을 이어받고 있다는 것이다. 몽골 구석구석마다 교회를 개척하고, 그 교회들을 맡아서 지도할 사람들을 훈련하는 사역을 하고 있으니 듬직하기만 하다.

뭉흐 목사와 그의 친구들, 최순기 선교사님의 제자들을 볼 때마다 내가 느끼는 것이 있다. '선교지의 현지인을 성장시켜 사역을 이양해주어야 한다'라는 사실이다. 이것은 교회가 선교 전략을 논할 때 동일하게 말하는 결론이기도 하다. 이것을 다들 이론적으로는 알고 있지만, 실제로 그렇게 하기는 쉽지 않다.

한인 선교사들이 은퇴할 연령이 지났음에도 불구하고, 여전히 현지인에게 이양하지 못하는 경우가 종종 있다. 물론 각 현지의 상황과 나름의 이유가 있다. 최 선교사님은 일찍이, 게다가 갑자기 돌아가셨지만, 그런 와중에도 새생명교회는 몽골인 목사가 모든 사역을 이어받아 비교적 빠르게 '이양'이 진행됐다. 그 과정에서 최 선교사님의 사위인 데이빗 박 목사가 장인의 빈자리를 채우기도 했지만, 최 선교사님이 일찌감치 몽골 제자들을 양육하고 유학까지 보내는 선견지명이 있었기 때문에 가능한 결과라고 생각한다. 그러므로 선교 전략적인 면에서 보면, 새생명교회의 이양 사례는 한국 선교사들에게 매우 이상적이라고 할 수 있다.

사람이 죽고 사는 건 모두 하나님 손에 있다. 하나님 앞에 가는 것도 다 하나님이 정하신 때가 있는 것이다. 최순기 선교사님은 한 알의 밀알이 되어서 새생명교회의 터를 놓고 가셨다는 생각이 든다. 선교는 결국 한 알의 밀알이 되어 땅에 떨어져 죽는 것이다.

선교는 선교사가 어떤 스타일로 사역하느냐에 따라 그 모습이 많이 달라진다. 최순기 선교사님이 세운 새생명교회는 선교사님의 열정과 순수한 사역 스타일이 기초가 되어 뜨겁게 기도하는 교회로서 자리잡았다. 새생명교회가 개척한 교회들도 물론 마찬가지다.

몽골 선교 초기에는 예배에 필요한 악기와 음향 시스템을 현지에서 구하기 어려워 내가 미국에서 조달해주기도 했다. 이제는 그런 물자들을 몽골에서 구할 수 있고, 정 없으면 한국과 미국에서 바로 가져올 수도 있으니 예배 환경은 많이 좋아졌다. 하지만 교회는 외적 환경보다 내적인 힘, 즉 영적인 것이 더 중요한 기초가 되어야 한다. 그런 점에서 새생명교회는 최순기 선교사님의 열정적이고 순수한 영성이 뿌리가 되어 지금까지 올 수 있었고 현재의 모습을 형성하게 되었다. 새생명교회는 최순기 선교사님이 계실 때나 지금이나 그 모습이 여전한 것 같다.

대부분의 교회나 개인도 그렇지만, 첫사랑의 순수한 열정은 시간이 지나면 식기 마련이다. 그러나 하나님이 원하시는 사역을 끊임없이 해나가고 순수한 마음을 잃지 않으면 하나님이 기름 부어주시고 힘을 주신다. 그래서 첫사랑과 순수한 열정을 계속 지켜나갈 수 있다. 영적 선순환이 생기는 것이다.

몽골에서도 처음에는 우후죽순처럼 교회들이 생겨나다가 선교사들이 떠나면서 교회가 없어지는 경우가 있었다. 교회가 건강하게 성장하고 생존하려면 교회의 선교적 사명을 계속 감당해야 한다. 다는 아니지만, 선교하지 않는 교회가 약해지는 경우를 많이 보았다.

새생명교회는 최 선교사님이 심으신 교회 개척과 선교 사명이라는 정신을 잘 유지함으로써 성장해왔다. 그런 면에서 새생명교회는 한국 교회가 세계선교에 모범으로 삼을 만하다. 왜냐하면 새생명교회는 내 교회만 세우려는 것이 아니라, 선교적 마인드를 가지고 미개척지에 전도하여 교회를 계속 세워나갔기 때문이다. 나아가 지도자 훈련 과정과 개척 목회자를 파송하는 것이 그 증거이다. 지금 새생명교회는 4대를 지나 무려 5대째 지도자들까지 나오고 있다. 최순기 선교사님이 1대라고 한다면, 뭉흐 목사 또래가 2대이다. 그들의 제자 중에서 3세대 지도자들이 나왔다. 또한 3세대 지도자들이 세운 교회에서 성장한 사람들이 계속 지도자가 되어가고 있으며, 4대와 5대까지 확산되는 중이다. 그렇게 30년간 성장을 이어오고 있다. 이런 모습을 보면 몽골 교회는 소망이 있다.

누군가 사랑하면 누군가 산다

선교 열정이 식지 않기를

요즘 미국과 한국 교회들이 점점 쇠퇴하는 모습을 보이고 있어 안타깝다. 여러 가지 이유가 있겠지만, 결국 사람이 먹고 살만 해지면 신앙적인 열정이 사라지게 되기 때문이다. 그런데 몽골은 다르다. 아직 갈 길이 멀다. 여전히 선교해야 할 대상이 자기 민족 전체이다. 전체 인구 가운데 복음적인 기독교인이 1퍼센트 내외에 불과하다. 이 어려운 상황이 오히려 몽골 교회를 건강하게 만들고, 선교적 열정이 식지 않게 만들 것이다.

몽골은 한때 크리스천이 인구의 5퍼센트에 달할 정도로 부흥한 적이 있다. 하지만 21세기에 점차 약화되다가, 코로나 여파로 그 비율이 현저히 낮아졌다. 기독교로 간주되는 교회들 중에 신천지 같은 이단도 많은 편이다. 우리가 몽골에 대해 관심을 가지고 선교를 계속 해야 할 상황이 아닐 수 없다.

몽골의 복음적 교회가 비록 소수라 해도, 몽골 교회는 젊고 비전이 있다. 새생명교회는 특히 그렇다. 한국 교회는 교회의 70퍼센트가 교육부서가 없다고 하는데, 새생명교회는 주일이 아닌 평일에도 매일 교회에 어린이들이 모여 프로그램을 진행하고 있다. 청년들도 한국에서 경배와 찬양 운동이 활발할 때처럼 정기적으로 모여 찬양집회를 열고 있다. 이것이 앞으로 몽골 교회의 장래에 얼마나 큰 소망이 되겠는가? 이것은 한국 교회나 미국 교회나 모두 본받아야 할 지점이다. 어린이와 청소년과 청년에게 집중해야 한다. 몽골 교회와 몽골 선교에 동참하는 교회들이 하나님이 원하시는 선교 마인드를 가지고 다음세대 선교에 계속 충성하는 한, 몽골 교회는 소망이 있다.

최순기 선교사가 죽어서 많은 열매를 맺은 증거가 몽골의 새생명교회이고 뭉흐 목사이다. 그 제자들이 계속해서 헌신하며 몽골 전역에 교회를 개척한 이야기가 이 책 5부에 소개된다. 이 사례들은 한국인 선교사들이 어떻게 현지인을 양육해 교회가 자립해 가는지를 보여주는 이양의 모델이 될 것이다.

나는 이제 목회에서 은퇴했지만, 몽골의 최순기 선교사님과 새생명교회와 더불어 선교에 동역했던 지난날이 자랑스럽고 감사하기만 하다.

나는 지금도 몽골에 정기적으로 방문하며, 시골 목회자를 양육하는 사역에 동참하고 있다. 뭉흐 목사와 더불어 최순기 선교사님을 회고하면서, 내 인생에 이런 기회를 주시고 그 열매를 체험하게 해주신 하나님께 모든 영광을 돌린다.

5.

내가 없어지면
누가 남을까?

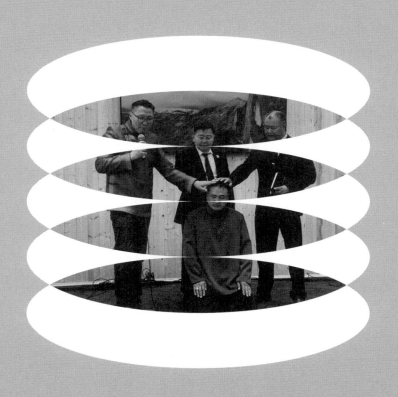

17. "최 선교사님이 잘 가르치셨다"

최순기 선교사님이 돌아가시고 나자, 우리 몽골 제자들은 그 빈 자리가 얼마나 큰지 실감하기 시작했다. 우리가 채우기는 정말 어려웠다. 내가 유학에서 돌아와 목회하기 시작한 5년 동안은 특히 어려웠다. 교인 가운데 떠나는 사람이 있었고, 처음 제자 그룹에서 세 명이나 떠났다. 선교사님이 북한에 마지막으로 가기 전에 하신 말씀이 생각났다. "내가 없어지면 누가 남을까?"

선교사님의 첫 제자 8명 중에 벨크 지역으로 새시작교회를 개척하러 갔던 친구가 있었다. 그는 목사님이 돌아가신 후에 신앙이 흔들리고 상황이 어려워지면서 시험에 들어 올란바트르로 돌아왔다. 그는 내게는 동생뻘인데, 처음 교회에 왔을 때는 동네 친구들과 싸우다 경찰에 잡혀 감옥에 갈 뻔했다. 다행히 선교사님이 재판장에게 가서 "교회에서 책임지겠다"고 말하여 풀려났다. 교회가 아니었으면 감옥에 갔을 것이다.

그런 그가 목사님이 돌아가시고 사역이 어려워지자 가끔 화를 내고 사람들과 다투었다. 심지어 아내를 때리기도 했다. 그 아내가 "당신 동생이 나를 때린다"고 내게 일렀다. 나는 그를 동생처럼 여겼으므로 야단을 쳤다. 그러자 내게 대들더니 나까지 때리고 도망갔다. 나는 맞은 것보다, 목사까지 된 그가 여전히 폭력을 쓰는 것이 더 마음 아팠다. 이제는 그를 용서하고 싶지 않았다. '감옥에 갈 뻔했을 때도 선교사님과 내가 도와줬는데, 이제 선교사님이 안 계시다고 어떻게 나한테 이럴 수 있는가' 싶어 화가 났다. 그러다, 최순기 선교사님을 다시 생각했다.

'선교사님이라면 어떻게 하셨을까? 내가 잘못했을 때도 선교사님은 용서하셨다. 선교사님 물건을 훔친 아이들도 받아주고 다시 세워주셨다. 나라고 왜 그렇게 용서 못 하겠는가?'

최 선교사님을 생각하면 용서해야겠지만, 내 마음은 여전히 용서되지 않았다. 그래서 기도했다. 용서할 마음을 달라고.

"하나님, 내게 최 선교사님처럼 넓은 마음을 주십시오. 용서하고 세워줄 수 있는 마음을 주세요."

세월이 지나 그가 돌아와 내게 미안하다고 사과했다. 나는 그를 안아주고 받아주었다. 내가 그를 용서한 것은 뿌듯했지만, 이런 생각이 들었다.

'내가 잘나서 내 힘으로 용서하는 것이 아니다. 나는 여전히 용서할 수 없다. 내가 용서할 수 있는 건 하나님이 나를 용서하셨기 때문이다. 또한 최 선교사님께서 나를 많이 용서하고 세워주셨기 때문이다. 나는 용서받았기 때문에 용서할 수 있다.'

"최 선교사님이 제자들을 잘 가르치셨네"

최 선교사님이 돌아가시고 떠났던 이들이 이후 5~6년 사이에 다시 돌아왔다. 그 사이에 어려움을 겪었지만, 우리들은 서로를 용서하고 사랑하며, 각자 스스로 서는 훈련을 받은 것 같다. 나는 특별히 더 힘들었지만, 그만큼 훈련을 많이 받았다. 나로서는 선교사님이 평소에 강조하신 말씀대로 "죽어라. 네가 죽어야 산다"라는 걸 훈련했다. 나는 용서하기 싫고 때려주고 싶은데, 그런 나를 죽이고 참아야 용서할 수 있기 때문이다. 용서하는 훈련을 통해, 나는 선교사님의 가르침을 더 깊이 깨닫게 됐다.

최 선교사님은 내가 '길들여지지 않은 야생마 같다'라고 하셨다. 그런데 하나님 앞에서 죽는 훈련의 과정을 통해, 나는 '하나님께 길들여진 말'이 되어갔다. 따져보면, 선교사님이 돌아가신후 힘들었던 몇 년간, 내가 가장 많은 훈련을 받은 것 같다.

우리 제자들은 이제 각자 흩어져 여러 지역에서 사역하며 살아가고 있다. 그래도 목사님이 돌아가신 날이 돌아오면 모이곤한다. 첫 기일에 모였을 때, 우리는 이렇게 다짐했다.

"우리는 최순기 선교사님의 제자들이니, 싸우면 안 된다. 우리가 다투면 다른 사람들이 어떻게 보겠는가? 우리는 무슨 일이 있어도 서로를 용서하고 사랑하자. 흩어져서 사역하더라도 서로돕자. 우리는 한 스승의 제자들이니까."

예수님이 고난받으시고 부활하시고 승천하실 때 제자들에게 강조하신 말씀은 "너희가 서로 사랑하라"는 것이었다. 선교사님이 우리에게 주신 가르침도 똑같았다. "너희는 서로 사랑해야 한다." 그래서 우리는 '서로 사랑하자'라는 운동을 펼쳤다. 몽골 교회의 여러 목사님들과 한국 선교사님들이 우리의 이런 모습을 보고서 칭찬해주셨다. 그것은 우리를 칭찬한 것이 아니었다. 우리의 스승, 최순기 선교사님을 칭찬하신 것이다. 한국 선교사님들이 말씀하셨다.

"과연 최 선교사님이 제자들을 잘 가르치셨다."

시간이 흘러 떠나갔던 친구들이 다 돌아왔다. 지금은 목사가 되거나 교회를 섬기는 지체들이 되었다. 다시는 안 볼 것처럼 헤어진 사람도 있었지만, 용서하고 받아주고 사랑하니까 다시 모일 수 있었다. 하지만, 용서하고 다시 사랑하기는 인간의 힘으로 하기 힘든 일이었다. 우리가 스승인 최 선교사님의 마음을 본받고, 성령님께서 주시는 사랑의 힘을 의지할 때 가능했다.

친구 따라 와서 잘된 '바트겔'

이 장에서는 최순기 선교사님을 통해 변화받아, 나와 같이 새생명교회와 몽골 선교에 헌신한 내 친구들을 소개하고 싶다. 최 선교사님의 부고를 처음 들은 바트겔을 먼저 소개한다.

바트겔은 내게는 죽마고우이다. 90년에 몽골이 해방되고 한참 어려웠을 때, 나는 이 친구와 같이 동네에서 싸움질과 도둑질을 했다. 그러다 내가 먼저 예수님을 믿고 교회에 가자 바트겔과 친구들이 나를 불러 타일렀다.

"너는 왜 예수 믿는다는 이상한 데를 가냐?"

그래도 내가 그들과 어울리지 않자, "나가서 술 먹자. 어디 훔치러 가자"고 유혹했다. 나는 계속 거부했다.

"나는 교회 가야 한다. 이제 그런 짓 안 한다."

급기야 바트겔과 친구들이 화를 냈다.

"예수 믿는 거나 교회 따위는 우리한테 어울리지 않아!"

나는 그들에게 말했다.

"나는 예수 믿고 다른 사람이 됐다. 너희들도 예수님을 믿어야 한다."

그러자 바트겔이 말했다.

"나는 네가 믿고 있다는 예수가 어떤 사람인지는 모르겠어. 하지만 한 가지 분명한 건, 네가 완전히 다른 사람이 됐다는 거야. 네가 이렇게 다른 사람이 된 걸 보니 예수님이 참 하나님이시라는 게 맞는 것 같다. 나도 너를 따라 교회라는 데 가보고 싶다. 나는 네 친구니까."

그렇게 해서 바트겔도 예수님을 믿게 되었다. 예수님이 누구인지도 몰랐지만, 가장 친한 친구가 변한 모습을 보고 예수님을 믿은 것이다. 바트겔은 훗날 한국 속담과 가요를 배우고서 이런 농담을 했다.

"나는 친구 따라 교회 갔다. 나는 교회 스타일이다."

그러면서 "나는 뭉흐 때문에 정말 잘 됐다"고 말했다.

바트겔은 새생명교회의 첫 멤버가 됐다. 하지만 그도 술 먹는 버릇은 바로 고치지 못했다. 최 선교사님이 오래 참아주셨는데, 술을 많이 먹은 날은 많이 야단치셨다. 그랬던 바트겔이 우리 중에서 가장 먼저 몽골연합신학교에 들어갔다. 비록 목사는 되지 않았지만, 새생명교회에서 큰 역할을 하고 있다. 지금도 가족과 함께 교회를 잘 섬기고 있다.

방송 피디가 된 깡패

새생명교회를 같이 시작한 최 선교사님의 첫 제자 중에 '새미'가 있다. 그는 깡패 출신이고 뺨에 칼자국이 있다. 싸움은 우리 중에서 가장 잘했다. 그는 깡패 두목의 오른팔 같은 부하였고, 러시아에서 총을 가져와 파는 일까지 했다. 그러다 교회 다니게 됐고, 새생명교회 리더 그룹에서 지도자 훈련을 받았다. 하지만 깡패 그룹에선 그를 놓아주지 않았다. 빌린 돈을 갚아야 한다는 것이었다. 그래서 최 선교사님이 빚을 갚고 나오게 해주었다.

하루는 새미가 한국어를 배우고 싶다고 말했다. 목사님과 대화하고 싶은데, 목사님은 몽골어를 잘 모르니 차라리 자기가 한국어를 배우는 게 빠를 것 같아서라고 했다. 선교사님 부부는 몽

누군가 사랑하면 누군가 산다

골어를 조금은 했지만 나이가 많으셔서 다른 선교사들처럼 몽골어 학원을 다니는 걸 어려워하셨기 때문이다. 그래서 우리는 새미처럼 한국어 배우기를 힘썼다. 선교사님은 새미가 윤순재 선교사라는 분이 95년에 울란바트로에 세운 학교에 다니도록 해주었다. 그 학교는 훗날 유치원부터 대학교까지 있는 큰 학교가 됐고, '몽골국제대학교'(MIU)와 감리교회에서 세운 '후레대학교'와 더불어 한국 선교사들이 세운 몽골의 3대 학교 중 하나가 됐다. 새미는 그 대학을 졸업한 다음 신학교를 다니고 목사 안수를 받았으며, 지금은 몽골의 기독교 라디오 방송에서 프로듀서로 일하고 있다.

한국에서 몽골 교회 목사가 된 사람

'미가'는 새생명교회가 달동네에서 첫 교회를 개척할 때 16살이던 친구이다. 그 역시 동네에서 싸움이라면 둘째가 아니었고, 가난하게 살았다. 그의 형들이 동생인 그에게 거리에서 돈을 놓고 컵으로 가린 다음 찾게 하는 나쁜 짓을 하게 했다. 그런 그가 전도받고 복음을 받은 다음 열심히 신앙생활을 했다.

미가는 엄마 선교사의 사랑을 특히 많이 받았다. 그는 많이 사랑받은 만큼 많이 변화되었다. 자기를 신학교에 보내달라고 엄마에게 부탁했다. 선교사님처럼 되고 싶다는 거였다. 그래서 최 선교사님이 연합신학교에 보내주셨다. 그는 신학교를 졸업한 다음 달동네에 개척한 새빛교회의 전도사가 되었다. 훗날 목사가 되어, 지금은 한국에서 분당 지구촌교회 몽골어 예배를 담당하고 있다. 새빛교회는 미가가 전도하고 양육했던 주일학교 출신의 '아마'가 목사가 되어 목회하고 있다.

미가가 목회하는 분당 지구촌교회 몽골어 예배는 한국에 있는 몽골인 교회 중에서 몽골 청년들이 가장 활발하게 모이는 곳이다. 그는 한국에 온 몽골 청년들을 최순기 선교사님 부부가 자기를 사랑해주신 것처럼 사랑하려고 노력한다. 그들에게 꿈을 주는 사람이 되고 싶은 것이 그의 비전이다.

나는 이 책을 쓰기 위해 2022년에 한국을 방문했을 때, 분당 지구촌교회 몽골어 예배의 설교를 부탁받으면서 오랜만에 미가를 만났다. 미가는 이번에도 이런 말을 내게 하였다.

"최 선교사님과 뭉흐 형님 같은 분들이 나를 사랑해주셨기 때문에, 나도 그렇게 젊은이들을 사랑하고 세워주고 싶어요. 그게 내 꿈입니다."

'순전한 센터'와 새생명교회

나는 현재 울란바토르에서 새생명교회를 담임하고 있다. 주중에는 커피숍과 미어센터(mere education center) 등을 운영하는데, 미어센터라는 이름은 C. S. 루이스의 저서 《순전한 기독교》를 보고 지은 것이다. 한국어로 굳이 옮기자면 '순전한 센터'이다. 이 센터는 갈보리교회 이용조 목사님의 후원으로 운영되고 있다. '순전한'이라는 수식어는 갈보리교회의 슬로건이기도 하다.

커피숍은 인근 대학교 학생들과 일반인들이 찾는 명소가 됐다. 따라서 이곳은 선교적으로 활용하는 공간이라 할 수 있다. 미어센터에는 매일 어린이들이 학교를 마친 다음 찾아와 밥도 먹고 도서관에서 공부도 한다. 한국으로 말하자면 방과후 교실 같은 곳이다. 미어센터를 통해 새생명교회가 다음 세대를 전도하고 양육하는 것이다. 이곳에서는 한국어도 가르친다. 요즘 몽골 아이들이 한국 가요와 드라마를 매우 좋아하기 때문이다. 교회에서 한국어를 가르치면 선교적으로 효과가 좋다.

나는 최순기 선교사님을 만나서 목사가 되었다. 이제는 새생명교회뿐 아니라 몽골 교회를 섬기는 역할을 감당하고 있다. 이 것은 내게 큰 은혜다. 이 은혜를 잊지 않기를 기도한다. 우리들을 위해 생명까지 나누어준 최 선교사님처럼, 나 역시 몽골을 위해 내 삶을 헌신하기 원한다.

또한 나는, 몽골 교회가 세계에 선교하는 교회가 되는 모습을 보기 원한다. 그러므로 세계 선교를 위해서도 나의 남은 인생을 바치고 싶다. 최순기 선교사님이 말씀해주신 것처럼, 한 번뿐인 나의 인생을 주님을 위해 멋있게 살고, 멋있게 죽고 싶다.

18. 교회를 충성스럽게 섬긴 사람들

다샤(Dashaa)는 최 선교사님의 첫 제자 중에서도 중요한 역할을 한 여성이다. 그녀가 한국의 서울대학교처럼 몽골에서 유명한 몽골국민대학교에서 한국어학과 2학년에 재학중일 때 우리를 알게 되었다. 집회에서 최 선교사님의 설교를 제대로 통역할 사람이 필요했는데, 다샤가 한국어에 능통했기 때문이다. 하지만 다샤는 원래 예수를 믿는 사람은 아니었다. 최 선교사님의 설교를 통역하다가 예수를 믿게 되었다.

다샤는 주일마다 예배드리기 1시간 전에 교회로 왔다. 선교사님의 설교문을 미리 보면서 통역을 준비하기 위해서였다. 신기한 건, 선교사님과 다샤가 설교 통역을 의논하다가 둘이 같이 우는 날이 많았다는 것이다. 설교문을 미리 읽은 다샤가 먼저 은혜를 받았고, 그 모습을 본 선교사님도 감동했기 때문이다. 다샤는 설교를 두 번이나 듣는 셈이었으므로 우리들보다 말씀을 더 잘 이해할 수 있었고, 영적인 성장도 빨랐다.

누군가 사랑하면 누군가 산다

한국어를 잘하는 '다샤'

한번은 다샤에게 이런 일이 있었다. 이슬람이 많이 사는 카자흐스탄 동네에 가서 집회를 열 때였다. 최 선교사님이 아닌 어떤 목사님의 설교를 다샤가 통역했는데, 누군가 강단으로 돌을 던졌다. 예배를 방해하려는 이슬람 교인이었다. 다샤는 돌이 날아오는 순간에도 선교사님이 생각났다고 한다.

'우리 최 목사님은 순교를 각오하고 몽골에 오셨는데, 내가 이까짓 돌을 무서워해야 되겠는가?'

그러자 갑자기 용감해지는 기분이 들었다고 한다. 그래서 날아오는 돌을 보고도 계속 서서 통역했는데, 돌이 자기를 맞추지 못하더라고 간증했다.

다샤는 남자 여덟 명이 바글거리는 선교사님 집에서 같이 살기도 했다. 엄마 선교사님에게는 가끔 야단맞기도 했다. 남자들은 그 이유를 잘 몰랐지만, 아마도 여자이기 때문에 엄마에게 들어야 했던 특별한 훈계였을 것이다.

사실 다샤는 나 같은 남자들처럼 야단맞을 실수나 잘못을 하는 사람이 아니다. 명문대학을 다닌 수재로, 졸업할 때 한국 유학을 권유받았고, 몽골과 무역하는 한국 회사에서 스카우트 제의를 받기도 했다. 하지만 다샤는 모두 거절했다. 새생명교회에서 최 선교사님을 돕는 사역을 하기로 결정한 것이다.

다샤는 국비 장학생이 될 기회도 있었다. 나 또한 아버지처럼 국비로 유학할 수 있었다. 하지만 다샤도 나도 그런 기회를 다 포기했다. 몽골에서 새생명교회 사역을 하면서 몽골 사람들에게 복음을 전하는 일이 더 중요하다고 여겼기 때문이다.

다샤는 올란바토르대학교 총장님 밑에서 일하기도 했다. 지금 은 새생명교회의 출판과 한국 책을 몽골어로 번역하는 등 여러 사역을 하고 있다. 치유목회연구원의 정태기 원장님이 우리 교 회에 몇 번 오셨는데, 그 분의 책을 다샤가 몽골어로 번역해 출 판했다. 한국 세종대학교가 몽골에 세운 한국어학교에서 한국어 교수로도 일하고 있다.

교회를 섬긴 여성들

여성 목사인 후나(Huna)도 다샤처럼 새생명교회의 첫 열매 중 하나이다. 고등학생 때 복음을 받았고, 최 선교사님이 몽골연합 신학교에 다닐 수 있게 해주셨다.

후나는 신학교를 졸업하고 미국으로 유학 갔는데, 그곳이 최 선교사님이 다니셨던 미주장로회신학교였다. 그래서 "나는 최 선교사님의 학교 후배"라고 자랑하였다. 이후 신학석사와 박사 과정까지 마친 다음, 미국에서 교회를 개척하기로 했다. 선교사 님이 사셨던 로스엔젤레스에 어느새 몽골 사람들이 많이 와 있 었기 때문이다.

누군가 사랑하면 누군가 산다

후나는 선교사님의 장례를 치를 때 이런 다짐을 했다고 한다.

"나도 목사님처럼 선교사가 되겠다. 그래서 아프가니스탄 같은 선교지에 갈 것이다."

하지만 현지 사정이 여의치 않아, 지금은 LA에서 목회하면서 아프간 사역을 지원하고 있다.

새생명교회 초기 멤버 중에 엄마 선교사를 도와 밥 짓는 걸 도와준 세 여인을 특별히 잊을 수 없다. 거너(Gono)와 우노루(Un-oroo)와 데데(Dedee) 자매이다. 주일예배 후에 주일학교 교사들과 리더들 30여 명이 목사님 집에서 밥을 먹곤 했는데, 엄마 선교사 혼자 감당할 수 없었기 때문이다.

거너는 교회에서 봉사하면서 한국말을 배웠는데, 최 선교사님이 한국어를 배우는 대학교에 보내주었고, 한국에 유학도 다녀왔다. 지금은 몽골 법정에서 억울하고 곤란한 입장에 처한 사람을 도와주는 일을 하고 있다.

우노루는 에리카(Erika) 전도사의 아내이다. 새생명교회에 올 때는 초등학생이었다. 우노루도 거너처럼 대학교에서 한국어를 배웠다. 지금은 남편과 함께 교회를 개척하면서 지도자들을 섬기고 있다.

데데 자매도 목사의 부인이 됐다. 그는 엄마 선교사처럼 많은 사람들의 엄마가 되어서 교회를 섬기고 싶다고 늘 말한다.

찬양인도자 '마르다'와 유럽에 간 '툭수'

마르다(Marda) 목사도 새생명교회가 낳은 열매 중 한 사람인데, 그는 탁월한 찬양사역자이다. 최 선교사님 덕분에 찬양을 좋아하게 되었다. 선교사님이 돌아가신 후에도 교회를 묵묵히 섬겨왔다. 초기에 찬양 인도를 하던 나는 담임목사가 되었기에, 찬양인도는 자연스럽게 마르다가 하게 되었다.

마르다는 몽골에서 매달 한 번씩, 화요일 저녁에 열리는 연합찬양집회를 인도하고 있다. 그가 리더로 이끄는 찬양팀의 이름은 '다윗의 찬양'인데, 새생명교회와 여러 교회 찬양팀이 연합한 것이다. 2015년부터 시작해서, 지금까지 매월 500명 가량 모이고 있다.

연합집회에서는 2시간 반 정도 쉬지 않고 찬양과 기도를 한다. 이것은 음악을 통해 몽골 청년들을 모으고 전도하는 사역이 되었다. 이 집회가 비기독교인의 오해를 받을 때가 가끔 있었다. 하지만 오해를 푸는 지혜가 생겼다. 집회가 콘서트 같기 때문이기도 하지만, 이걸 '한류 음악회'의 일종이라고 누가 설명한 것이다. 그건 거짓말이 아니다. 이 팀의 음악이 대부분 한국 교회의 찬양을 참고한 것이며, 한국의 찬양곡을 번역한 것이 많기 때문이다. 말하자면 한류 찬양인 셈이다. 물론 이제는 몽골 사람들이 스스로 작곡해 부르는 곡이 많아졌다.

툭수(Tugsoo) 목사도 새생명교회의 초기 열매 중 한 사람이다.

그는 군인 출신이다. 몽골에서 군사학교를 다닐 때 CCC 사역을
통해 예수를 영접하고 군인 전도사역을 했다. 그래서 군인들의
예배모임을 섬겼다. 군사학교를 졸업한 다음, 장래가 보장되는
군인 생활을 그만두었다. 그리고 선교사가 되겠다며 영국으로
유학갔다. 맨체스터 부근의 도시에서 몽골인 교회를 개척했고,
영국에 모두 세 개의 몽골인 교회를 개척했다. 졸업 후에는 몽골
로 돌아와 새생명교회 파송으로 올란바트로에 또 다른 교회를
개척하였다. 그런 후에 한국에 2년간 살면서 몽골 교회를 개척했
고, 다시 유럽 사역을 하겠다며 오스트리아에 갔다. 유럽에도 몽
골 사람들이 많아지고 있기 때문이다.

나는 툭수 목사와 함께 헝가리에서 집회를 인도한 적이 있는
데, 유럽에 몽골인이 많은 걸 보고 매우 놀랐다. 유럽에도 몽골
교회가 필요하다는 걸 분명히 알게 되었다. 툭수는 새생명교회
에서 안수받은 다음, 유럽 선교사로 파송돼 비엔나(Vienna)와 린
츠(Linz) 등 여러 도시에서 교회를 개척하고 있다. 뿐만 아니라
유럽의 몽골 교인 중에서 신학 교육을 통해 지도자들을 양성하
는 역할까지 감당하고 있다.

교회 건축에 헌신한 '바이라'

새생명교회 출신으로 목사가 된 사람이 많지만, 교회의 일꾼이

된 사람들 또한 많다. 그중에 한 사람이 바이라(Bayraa)이다. 그
는 새생명교회가 예배당을 건축할 때 교회에서 살다시피 했다.

바이라는 새생명교회가 95년에 달동네에 교회를 개척했을 때,
그 동네의 깡패였다. 자기 동네에 교회가 생긴다고 하니까, 이상
한 종교를 가지고 온 사람들을 때려서 쫓아내야겠다고 생각했
다. 그래서 깡패들을 데리고 교회로 왔다. 마침 예배가 시작되고
있었는데, 그는 화가 잔뜩 나 있었지만, 이상하게 예배를 방해할
수 없었다. 그래서 일단 예배가 끝날 때까지 기다렸다가, 교회를
부수고 사람들을 때리자고 친구들과 의논한 다음 예배에 참석했
는데, 찬양과 설교를 듣다가 마음이 변해버렸다. 은혜를 받은 것
이다. 그래서 첫날은 일단 돌아가기로 했다. 그리고 다음 주일에
다시 교회 왔다가, 이번에는 아예 복음을 받고 주님을 영접하였
다. 그때부터 사람이 완전히 변해서 달동네 교회를 열심히 다녔
고 최 선교사님에게 세례를 받았다.

그런데 바이라가 세례받은 다음날, 최 선교사님을 찾아와 이렇게 말했다.

"목사님, 내가 세례받은 거 취소하면 안 되겠습니까? 나중에 다시 받겠습니다."

왜 그러냐고 물으니, 자기가 세례받고 기분이 너무 좋아졌는데, 동네에 돌아갔다가 또 싸움에 휘말려 사람을 때렸다는 것이다. 자기 같은 사람은 세례받을 자격이 없다고 생각해서, 일단 세례받은 걸 취소하고 싶다는 말이었다. 선교사님은 그에게 복음을 다시 설명하셨다.

"우리가 다 변화되어서 세례받는 것이 아니야. 우리는 살아있는 동안에는 완전한 사람이 될 수 없어. 그래서 예수님이 십자가에서 우리 죄를 대신해 돌아가시고 부활하신 것이란다. 우리는 그걸 믿음으로 받아들이고 은혜로 구원받는 거야. 이제부터 다시는 싸우지 않겠다고 결심하고, 착하게 살 수 있게 해달라고 하나님께 매일 기도하면 하나님께서 네가 변화될 수 있도록 도와주실 거야. 그러니까 세례를 취소하고 다시 받을 필요는 없단다. 괜찮아."

잃어버린 양을 찾아서 '잡아먹었다'

바이라는 덩치가 큰 사람이다. 몸만 보면 깡패로 살기에는 딱이다. 그런 바이라가 엄마 선교사를 특별히 좋아했다. 그가 세례받고 다시는 싸우지 않겠다고 다짐했지만, 옛날 친구들 때문에 어쩔 수 없이 싸움에 휘말리는 날이 있었다. 그럴 때마다 엄마 선교사가 그를 이해하고 용서해주셨기 때문이다.

하루는 다시는 싸우지 않겠다고 싸움을 피하려다 맞기만 하고 교회 온 날이 있었다. 그날은 엄마가 '잘했다'고 칭찬하고 약을 발라주셨다. 바이라는 그 사랑에 점점 빠져들었고 변화되어갔다. 덩치 큰 사람이 몸이 작은 엄마 선교사를 "엄마 엄마" 하며, 아기가 엄마 따라다니듯 쫓아다녔다. 친엄마보다 엄마 선교사를 더 사랑하며 존경하고 보살폈다. 어쩌다 실수하면 "엄마, 잘못했습니다" 하고 아이처럼 울었다. 그러면 엄마 선교사는 괜찮다며, 매달리는 모습으로 그를 안아주셨다. 나는 그걸 보면서, 복음과 하나님의 사랑이 사람을 어떻게 변화시키는지 새삼 알 수 있었다.

은혜와 사랑을 받은 바이라는 새생명교회가 건축을 시작하자 아예 교회에서 먹고 자면서 공사를 주도하고 충성했다. 낮에는 일하고, 밤에는 교회를 지키기 위해서였다.

새생명교회 예배당은 유영기 목사님이 목회하시는 미국 한인교회가 자기들의 건축 헌금에서 나눠준 것으로 세운 것인데, 우리들은 헌금을 아끼려고 설계비와 재료비로만 쓰고 공사는 직접 하였다. 시간을 낼 수 있는 교인들은 전부 참여했다. 그 일에 바이라가 기둥 역할을 했던 것이다.

여름에 3개월간 진행된 건축은 가을이 시작될 무렵에 끝났다. 우리는 건축이 끝나는 수요일, 예배 후에 잔치를 열기로 했다. 잔치에 쓸 양 한 마리는 교회 마당에 묶어두었다.

드디어 공사를 마친 수요일, 양을 잡아 잔치를 열기 위해 교인들이 전부 모였다. 그런데 예배가 끝날 무렵 바이라가 예배당에 뛰어 들어오더니, 양이 도망갔다고 울부짖었다. 우리들은 흩어져서 양을 찾기로 했다. 바이라가 가장 먼저 뛰어나갔다.

바이라는 순진한 사람이어서, 양을 찾을 때 양이 우는 듯한 소리를 냈다. 그러면 양이 자기 말을 알아듣고 나타날 거라고 생각했다는 것이다. 덩치가 산만큼 큰 몽골 남자가 "매에" 하면서 2시간 넘게 울란바토르 시내를 뛰어다니는 모습을 상상해보라. 우리는 양이 없어진 것이 황당했지만, 바이라가 그러고 다니는 걸 보고 웃기도 했다. 바이라가 다행히 강가에서 그 양을 찾았다. 그는 너무나 감사해서 그 양을 품에 안고 감사 기도를 드렸다. 그런 다음 잡아먹었다. 우리는 예수님의 가르침처럼 잃어버린 양 한 마리를 찾고 또 찾은 것인데, 찾고 나서 그 양을 잡아먹었다고 모두 웃었다.

복음과 사랑에 빚지다

바이라는 예배당을 지은 다음에도 계속 교회를 지켰다. 그해 겨울에는 난로에 석탄이 떨어지지 않도록 밤에 잠도 자지 않았다. 이처럼 충성스럽게 교회를 섬긴 이들의 이야기는 새생명교회에 차고 넘친다. 이들은 모두 새생명교회를 통해 복음을 받고 최 선교사님의 사랑을 받은 사람들이다. 이들이 교회를 섬기는 사람들로 변화될 수 있는 것은 복음의 능력이자 사랑의 능력이다. 복음과 사랑의 능력은 실로 어마어마하다. 종교는 사람을 변화시킬 수 없지만, 사랑은 변화시킬 수 있다.

최순기 선교사님을 비롯해 몽골에 오셨던 선교사님들은 설교만 하지 않으셨다. 그들은 우리를 사랑하셨다. 나눠주기를 아까워하지 않았다. 말은 통하지 않았지만, 그들이 준 초콜릿과 초코파이와 밥과 김치가 사랑한다고 말해주었다. 우리에게 모든 걸 나눠주고 교제하는 시간에 사랑이 통했다. 최 선교사님처럼 목숨까지 나눈 사랑과 헌신을 통해 몽골 교회가 탄생한 것이다. 그래서 우리는 복음과 사랑에 빚진 자이다.

복음은 어디를 가든 사랑의 손을 잡고 더불어 가야 한다. 한손에는 성경을, 한손에는 빵을 들어야 한다. 사람들에게 사랑을 실천하며 다가가야 복음과 사랑이 전파되는 것이다. 바이라처럼 교회를 때려부수겠다던 깡패도 복음과 사랑을 받고 변화되었다. 진실한 사랑이 복음을 증거한다는 걸, 나는 최순기 선교사님과 사모님을 통해 배웠다.

19. 손자 교회들이 전달하는 선한 생명력

최순기 선교사님을 몽골 새생명교회의 1세대 목사로 친다면 나 같은 사람은 2세대라 할 것이다. 그렇다면 한국에 온 미가나 힌티에서 목회하는 가나 목사는 3세대에 해당한다.

가나 목사는 어려서부터 아버지가 없어서 나처럼 거리에서 방황했다. 도둑질하다 잡혀서 감옥에 갈 뻔했는데, 새생명교회에서 보호하겠다고 약속해서 풀려났다. 교회에서 살게 된 가나는 최 선교사님처럼 선교사가 되겠다고 결심했다. 그래서 선교사님이 그를 연합신학교에 보내주었다. 선교사님과 새생명교회가 가나처럼 신학교에 보낸 사람은 줄잡아 스무 명이 넘는다. 모두 최 선교사님이 학비를 대주셨다.

가나는 연합신학교를 졸업하면서 도시가 아닌 시골로 개척하러 가겠다고 포부를 밝혔다. 대한민국은 발전하는 과정에서 시골을 떠나 서울 같은 도시로 사람이 몰렸다고 들었다. 몽골도 마찬가지다. 다들 울란바트로 같은 도시로 오고 싶어하지 시골로 내려가려는 사람은 거의 없다. 더구나 교회를 개척하겠다고 시골에 가는 사람은 아예 없었다. 그런데 가나는 시골로 가기로 했다. 그가 가서 사역한 곳이, 새생명교회가 힌티의 벨크에 개척한 새시작교회였다. 교회가 세워졌지만 한동안 사역자가 없었기 때문에, 가나가 목사 안수를 받기 전에 서둘러 간 것이다.

벨크에는 이슬람 교도인 카자흐스탄 사람이 많이 살고 있어서 시골인데도 모스크(이슬람 사원)가 두 개나 있었다. 그런 지역에 교회가 생겼으니 사람들이 싫어했고, 가나는 목회하기 어려웠다.

벨크의 목회자가 된 '가나'와 '앵케'

어느 날 밤, 술 먹은 사람들이 교회에 와서 잠든 가나를 때려서 깨웠다. 칼을 목에 대면서 협박했다. "너, 이 동네에서 나가라. 안 그러면 죽여버린다." 그래도 가나는 담대하게 말했다.

"나는 여기에 선교사로서 왔으니까, 죽어도 끝까지 여기 있겠다."

가나는 다행히 협박만 받고 다치지는 않았다.

불교 사찰도 그를 괴롭혔다. 하루는 그 동네 절에 불이 나 완전히 무너지고 말았다. 그 절의 스님과 신도들이 '가나의 교회가 절에 불을 질렀다'는 헛소문을 냈다. 가나는 "우리가 그랬다는 증거가 어디 있느냐"고 따졌다. 그러자 그들이 이런 말을 했다고 한다.

"너희들이 모일 때마다 큰 소리로 '불이여, 불이여, 불이 임하소서'라고 기도하지 않았느냐? 그게 우리 절에 불을 내려달란 말이 아니었느냐?"

새시작교회에서 가나 전도사에게 전도받은 사람들 중에서 '앵케'가 목사가 됐다. 가나는 목사가 된 다음에 앵케가 새시작교회를 목회하도록 하고, 자신은 중국과 몽골과 러시아가 만나는 '도르너드'라는 먼 곳에 가서 새로 교회를 개척하였다.

앵케는 나이가 60이 넘는 노인인데, 2020년에 안타깝게도 위암에 걸렸다. 올란바트로 병원에서 수술받고 장을 제거했다. 하지만 암이 온몸에 퍼져 있어서 잘해야 두 달밖에 살기 어렵다는 말기 판정을 받았다.

수술 후 2개월 뒤에 상태가 나빠져서 다시 입원했는데, 의사는 "이제 이 사람은 죽을 거니까 마음의 준비를 하라"고 가족에게 말했다. 식구들은 무섭고 슬퍼서 병실에 들어가지 못하겠다며, 나에게 대신 들어가달라고 부탁했다. 나는 병실에 들어가 앵케 목사에게 말했다.

"의사는 앵케 목사님이 곧 죽는다고 말합니다. 하지만 내가 볼 때 목사님은 하나님의 종인데, 이렇게 아픈 모습으로, 약한 모습으로 병원에서 죽을 수는 없습니다. 목사님이 마지막으로 하고 싶은 것이 무엇입니까?"

"뭉흐 목사님, 나는 고향에 가서, 내 교회에 가서 마지막으로 설교하다가 죽고 싶어요. 고향에 데려다주세요."

다음날, 의사의 반대를 무시하고 앵케 목사는 고향에 돌아갔다. 그리고 주일에 설교했는데, 몇 년이 지난 아직까지 죽지 않고 건강하게 살면서 목회하고 있다.

가나 목사가 새로 개척하러 간 도르너드는 중국 하얼빈과 북한에서 멀지 않은 곳이라 탈북자들이 숨는 곳이기도 하다. 한번은 탈북자가 몽골 군인에게 잡혔는데, 몽골 군인이 한국어를 아는 가나 목사에게 통역을 부탁해서 탈북자들에게 도움이 된 일이 있었다. 이래저래, 가나를 비롯한 우리 제자들은 최순기 선교사님 덕분에 북한 사람하고도 친해졌고, 여러 한국 사람과 인연이 많은 편이다.

여기서 잠깐 생각해보는 사실은, 몽골이 역사 속에서 한국과 여러 면에서 인연이 깊다는 것이다. 수백년 전에 몽골이 중국과 한국을 지배한 적도 있었지만, 최근 역사에서 보면 1939년 일본이 중국에 쳐들어왔을 때 몽골과 석 달간 전쟁을 한 적이 있었다. 그때 러시아 군대와 연합한 몽골 군대가 일본 군대를 물리쳐서 이겼다. 그 전투가 일어난 지역이 바로 가나가 목회하고 있는 곳이라고 한다.

훗날 일본이 패망하고 한국이 해방됐을 때, 몽골 군대가 북한까지 가서 북한을 돕기도 했다. 한국동란 이후에는 북한의 고아들이 상당수 몽골에 오게 됐다. 내가 90년대 초에 한국인 할머니 한 분을 몽골에서 알게 됐는데, 그 할머니가 바로 한국전쟁 때 고아가 돼 몽골에 와서 살게 된 북한 출신이었다. 최 선교사님과 몽골 청년들이 그 할머니와 친하게 지냈다. 할머니가 식당을 하셔서 밥을 자주 먹여주셨고, 할머니의 요청으로 최 선교사님과 내가 그 집에서 예배를 인도하기도 했다. 할머니가 어떻게 예수를 믿게 되셨는지 자세히 물어보진 못했지만, 그 할머니는 북한에서부터 예수님을 아셨던 것 같다. 몽골에는 그 할머니처럼 북한 출신의 한국인이 상당수 있다. 그들의 후손은 한국어보다 몽골어에 익숙하므로, 이제는 외모만으로 구별하기 어렵다.

병 고침을 받은 '아이나'와 '에케'

가나가 벨크에서 새시작교회를 개척할 때, 그를 핍박했던 카자흐스탄 사람 중에 '아이나'라는 사람이 있었다. 그가 교회를 특히 싫어했다. 교회에 대한 나쁜 소문도 주로 그가 앞장서 낸 것이었다.

하루는 아이나가 병에 걸려 몹시 아프게 됐다. 제 발로 걸을 수 없어서 지팡이 두 개를 의지해야 할 정도였다. 그런 몸으로 교회에 왔다. 교회를 핍박하고 비방하던 사람이지만, 교회에 가면 아픈 사람도 낫더라는 소문을 들었기 때문이다. 아이나가 가나 전도사에게 기도받을 때 하나님이 고쳐주셔서, 돌아갈 때는 지팡이를 버리고 갔다고 한다.

아이나는 개종해서 기독교인이 됐고, 훗날 사역자가 되겠다고

새빛교회 교인들
새생명교회가 개척한 달동네의 교회가 이렇게 부흥하였다.

서원하고 목사가 됐다. 이슬람이었고 카자흐스탄 사람인 아이나
는 이슬람에게 전도하고 교회를 개척하기로 다짐했다. 그래서
힌티의 다른 도시인 칭기즈칸에 가서 새샘물교회를 개척하고 사
역하고 있다. 장차 카자흐스탄의 이슬람에게 선교사로 가겠다며
준비하는 중이다.

벨크의 교회는 새생명교회가 전도하고 세운 것이기 때문에,
자신들이 복음에 빚진 사람들이라고 말한다. 따라서 그들도 다
른 곳에 가서 전도하고 교회를 개척해야 한다고 생각한다. 그래
서 아이나 전도사를 칭기즈칸 도시의 바트노르(Batnoroe)라는 곳
에 보내 전도하게 하고 '새삶교회'를 개척했다. 그곳은 동북쪽에
있는데, 칭기즈칸의 고향으로 알려진 곳이다.

바트노르에서 투메(Tume)라는 유목민 여자가 전도받았다. 몽골에서 양을 키우는 여자는 무시당하는 편이다. 이 사람이 예수를 믿은 다음 바트노르 교회의 지도자가 됐다. 하지만 교인들마저 그녀가 여자라서 지도자로 인정하지 않았다. 그러자 투메는 바울이 유대인들에게 자신을 변증할 때처럼 "나 같은 사람을 하나님께서 세워주셨다"고 간증하고 지도력을 발휘했다. 결국 몽골에서 흔하지 않은 여성 목회자가 되었다.

투메는 전도사가 되어 게르 교회를 세웠는데, 하루는 에케(Ekhee)라는 사람이 찾아왔다. 양과 염소와 말이 많은 부자였고 샤만을 숭배하는 사람인데, 병에 걸렸기 때문이었다. 병원에서는 그가 얼마 살지 못할 거라고 했다. 믿었던 무당도 별 수 없다고 그를 포기했다. 그러자 주변 사람들과 부인이 투메 전도사의 교회에 가보라고 권했다. 에케는 "무당도 절(불교)도 자기 병을 못 고치는데 교회가 어떻게 고치느냐"고 무시했지만, 너무 아프니까 할 수 없이 투메를 찾아갔던 것이다. 그는 치유되었다.

병을 고치고 하나님을 만난 에케는 너무나 감사했다. 그는 샤만을 섬겨서 무당에게 돈을 바치곤 했는데, 무당도 못 고친 병을 고친 하나님이 진짜 '보르항'이므로 큰 돈을 바쳐야 한다고 생각했다. 그래서 교회 나오는 날에 소 한 마리를 '헌금'했다. 이후에도 소나 낙타를 계속 헌금했다. 몽골 초원의 게르 교회는 현금 대신 소나 양이나 낙타를 헌금으로 내는 사람이 많다. 하지만 교회가 가축을 일일이 기를 순 없으므로, 헌금으로 드린 가축을 교회 소유로 정한 다음, 기르는 건 헌금한 사람이 계속 담당한다. 그러다 교회가 필요하면 처분해서 사용하는 것이다. 에케가 드린 소도 에케가 계속 목축했다. 주중에는 먼 곳에서 목축하고 있어도, 주일이 되면 말을 타고 교회 와서 예배드리곤 했다.

'하나님의 소'를 되찾다

어느 날, 에케가 가진 소 중에서 무려 5마리를 도둑맞았다. 밤에 소나 말이나 양을 훔치는 조직적인 도둑이 훔쳐간 것이었다. 몽골의 초원에서 양이나 소를 도둑맞으면 찾기 어렵다. 하필 도둑맞은 소들 가운데 교회에 헌금한 소가 있었다. 에케는 "내 소가 도둑맞은 건 괜찮지만, 하나님께 바친 소까지 도둑맞았어요. 그걸 하나님이 안 지켜주시면 어떻게 합니까?"라며 안타까워했다. 몽골 유목민은 양과 말을 수백 마리 길러도 그걸 일일이 다 구별한다. 도둑맞은 소 가운데 그가 헌금한 소가 있는 건 확실했다. 에케가 하나님께 바친 소를 도둑맞고 애통해하자 투메가 위로했다.

"죽을 당신 몸도 하나님이 고쳐서 살려주셨는데 소 다섯 마리가 뭐 그렇게 아깝습니까? 더구나, 잃어버린 당신 소유의 소 네 마리보다 하나님께 바친 한 마리를 더 아까워하는 당신의 마음을 하나님도 아실 겁니다. 괜찮으니까 힘내세요."

누군가 사랑하면 누군가 산다

그 말을 들은 에케는 맞는 말이라며 '아멘' 하면서 "하나님이 나를 살려주셨는데, 그깟 소 몇 마리가 뭐 아깝습니까? 저는 그저 그중에 하나님께 바친 '하나님 것'이 있어서 안타까울 뿐입니다"라고 말했다. 그리고 교회를 계속 섬겼다.

그리고 1년이 지났다. 새시작교회는 또 다른 교회를 개척하기로 했다. 힌티의 자갈탄(Jargaltaan)이라는 곳에서 전도하고 게르 교회를 지었다. 그 교회에는 새시작교회에서 주일학교 교사를 했던 호를러(Horloo) 자매가 파송됐다. 호를러는 중학생 때부터 새시작교회에 출석하다가 경찰을 만나 결혼했는데, 남편이 자갈탄에 경찰서장으로 부임하게 되면서 이사를 가야 했다. 그래서 호를러가 자갈탄 교회를 섬기겠다고 자원했다.

호를러의 남편이 자갈탄에 경찰서장으로 부임한 다음, 그곳에 숨어 사는 범죄자들을 색출하는 수사를 했다. 그 과정에서 소도둑 일당을 체포했는데, 심문 과정에서 놀라운 사실을 알아냈다. 그들이 훔친 소 중에서 에케의 소가 발견된 것이다! 다행히 하나님께 바쳤던 소도 있었다. 경찰서장은 범인과 소를 에케에게 끌고 가 확인시켰고, 에케는 잃었던 소를 전부 돌려받을 수 있었다.

바트노르의 새삶교회는 개척한 교회들마다 하나님의 은혜를 체험하면서 금세 부흥되었다. 게르 교회가 비좁아져 땅을 구해 건축하기로 했다. 시내에서 부지를 찾았는데, 마침 중심가에 좋은 땅이 보였다. 하지만 이상하게도 그곳은 오랫동안 팔리지 않고 있었다. 알고 보니 귀신이 있다고 여기는 곳이어서, 샤만을 믿는 땅주인과 지역 사람들이 개발을 포기한 땅이었다. 그래서 교회가 시세보다 싼 값에 구입할 수 있었다. 그 자리에 세워진 건물은 현재 시골에 사는 지도자들을 훈련하는 지방 신학교로 사용되고 있다. 몽골에서는 유목민들이 울란바토르까지 와서 신학 수업을 받을 수 없기 때문이다. 소를 잃어버렸다가 다시 찾은 에케는 이 학교에서 지도자 훈련을 받고 전도사가 되었다.

새생명교회가 개척한 새시작교회는 바트노르 새삶교회를 개척했고, 아이나 목사가 목회하는 새샘물교회도 개척했다. 그리고 바트노르 교회를 통해 북쪽의 노를러(norvlo)에도 교회가 개척되었다. 이것이 살아있는 몽골 교회의 모습이다. 생명이 있는 교회는 교회를 개척한다. 생명은 생명을 낳는다.

누군가 사랑하면 누군가 산다

20. 이제는 눈을 들어
하늘을 본다

2005년에서 2010년 사이에 몽골에 와 계시던 해외 선교사들 가운데 철수하거나 비자가 만료돼 떠나야 하는 경우가 있었다. 자연히 몽골 교회는 어려움을 겪기 시작했다. 2006년 최순기 선교사님이 소천하신 새생명교회는 더 그랬다. 당장 재정이 어려워졌다.

우리는 최 선교사님이 계셨을 때, 교회에 재정이 필요할 경우 "눈을 들어 하늘을 보라"고 하지 않고 "눈을 들어 최 선교사님을 보라"는 농담을 하곤 했다. 이제는 정말 하늘밖에 쳐다볼 데가 없었다. 특히 시골에서 개척하거나 새생명교회가 파송한 지도자들에게는 더 이상 후원을 하기 어려워졌다.

우리는 결심했다. 더 이상 교회에서 월급을 받지 않기로. 그전에는 사역자가 조금씩이나마 사례비를 받았지만, 자비량으로 사역하겠다고 결정한 것이다. 그렇게 하기로 한 것이 2010년경부터다. 나를 비롯한 사역자들은 지금까지 교회에서 사례비를 받지 않고 자비량으로 섬기고 있다. 각자 후원을 받거나, 텐트메

이커였던 바울처럼 일하면서 사역하고 있다.

이때부터 몽골 교회의 지도자들은 목회와 선교전략이 바뀌었다. 우리는 어려운 상황을 마주하면서 초대교회처럼 사역하기로 결심했다. 한편으로는 '성경대로 돌아가자'(Back to the Bible)는 운동을 시작했다. 그것은 사람과 재정을 의지하지 말고 오직 하나님의 예비하심만 의지하자는 다짐이기도 했다.

예수님은 제자들에게 전도하러 보내실 때 아무것도 가져가지 말라고 하셨다. 그 말씀은 주님이 다 준비하셨다는 뜻이다. 전도하러 가면 하나님이 준비하신 사람이 있으니, 그 사람의 도움을 받고 사역하자는 방식이었다.

살아계신 하나님을 체험하다

어느 초원 지역에 새생명교회 청년 학생들이 전도하러 간 일이 있었다. 샤먼이 강한 곳이어서 전도는 물론이고 교회 개척은 더 어려워 보였다. 전도하러 갈 돈도 부족해서 사실상 빈손으로 가야 했다. 우리는 기도하면서, 학생들이 믿음으로 갈 수 있도록 격려했다. 보내는 지도자들도 학생들도 속으로는 다 걱정이 됐지만, 학생들은 차를 타고 떠났다.

학생들이 떠나던 날, 그 지역의 초원에서 말을 키우던 아저씨 한 분이 꿈을 꾸었다. 꿈속에서 누군가 나타나더니, 회색 차를

누군가 사랑하면 누군가 산다

탄 청년들이 그의 집을 방문할 것이고, 좋은 소식을 전해줄 거라는 예언이었다.

초원에서 이동식 게르를 짓고 사는 사람에게는 1년 내내 아무도 찾아오지 않는 것이 일반적이다. 그런데 사람들이 차를 타고와서 좋은 소식을 전한다니 믿기지 않았지만, 아저씨는 이상하게도 기대가 되었다.

다음날 오후, 그에게 자동차 소리가 들렸다. 차가 그를 향해 달려오는데, 꿈에서 본 대로 회색이었다. 차에는 청년들이 타고 있었다. 바로 우리 새생명교회 학생들이었다.

아저씨는 학생들을 반갑게 맞이하고 물과 음식을 대접했다. 꿈에서 본 일이 실제로 일어났으니 아저씨는 놀라서 흥분했는데, 사실은 우리 학생들이 더 놀랐다. 첫날부터 굶기를 각오했는데, 뜻밖의 환대를 받았기 때문이다.

학생들은 아저씨에게 복음을 전했다. 그게 좋은 소식이라는 뜻이라고 설명하자 아저씨는 더 놀랐다. 전도하는 학생들과 전도받은 아저씨가 모두 놀란 셈이다. 아저씨는 그 자리에서 예수님을 영접했다. 섬기던 우상을 버리고 세례도 받았다. 학생들에게 인근의 지인들을 소개했고 믿는 사람들이 생겼다. 결국 그곳에 교회가 세워졌다. 나는 1년 뒤에 그곳을 방문하여 성경을 가르쳤다.

우리가 개척한 교회 중에 사막 한가운데에 세워진 교회가 있다. 그 교회의 지도자는 아브라함처럼 양과 염소를 천 마리나 가지고 있는 부자이다. 이분이 예수를 믿고 그 지역 사람들에게 전도하여 교회를 세울 수 있었다. 그렇게 된 데는 특별한 기적이 있었다. 그 지역에 가뭄이 심했는데, 그가 기도하자 비가 내린 것이다! 그것도 그가 사는 지역에만 내렸다. 우리가 가보니 정말 그가 사는 곳과 교회 주변에만 땅이 촉촉하고 풀이 자라고 있었다. 사람들이 그걸 보고 하나님을 믿게 되었다. 하나님이 살아계신 진짜 '보르항'이시기 때문에 이런 기적을 일으킬 수 있다고 믿은 것이다. 초원에 사는 사람들에게는 놀라운 기적이었다.

소를 잊어버렸다가 다시 찾았다는 바트노르 교회의 전도사가 사는 지역도 사막이다. 그는 아브라함의 아들 이삭이 우물을 팠다는 말씀을 읽고 믿음으로 우물을 팠다. 그는 사막에서 우물을 팔 때 항상 기도하는데, 그걸 본 주변 사람들은 우물이 나올 수 없는 곳에서 우물을 파는 건 미친 짓이라며 그를 조롱했다. 하지만 그가 기도하며 파는 곳마다 우물이 터졌다. 그 기적이 하나님께서 살아계신 분이심을 증거했다. 그 전도사는 사람들에게 이렇게 말했다.

"믿음의 조상 아브라함의 아들 이삭에게 하나님이 함께 하셨기 때문에, 주변 사람들이 우물을 빼앗아도 다시 다른 데서 우물을 팠습니다. 팔 때마다 또 물이 나왔습니다. 우리에게도 하나님이 함께하십니다."

몽골 시골에서는 이렇게 하나님의 이적이 나타났고, 교회들이 세워져갔다.

몽골에는 미국의 주나 한국의 도처럼 21개의 도가 있고 330개의
군(또는 시)가 있다. 이 중 절반 정도에 교회가 있고 나머지 반은
아직 교회가 없다. 최순기 선교사님은 몽골 전역의 도시마다 교
회를 하나 이상 세우자는 비전을 선포하셨다. 그래서 우리는 군
마다 한 개 이상의 교회를 세우기 위한 교회 개척 운동을 해오고
있다.

30년이 지난 몽골 교회는 현재 교회 개척과 더불어 제자들을
세우는 제자훈련이 중요해지고 있다. 그래서 한국의 국제제자훈
련원의 몽골 지부라 할 수 있는 '국제제자훈련원 몽골과 중앙아
시아 센터'(Disciple Training Center for Mongolia and Central Asia)를
시작했으며, 내가 그 센터장으로 섬기고 있다. 이 센터를 통해
한국의 옥한흠 목사님이 하셨던 제자훈련을 몽골 교회 지도자에
게 가르치는 운동을 하고 있다. 교재를 번역하고 세미나도 열고
있다. 이 센터를 통해 몽골 사람뿐 아니라 러시아 외곽 중앙아시
아 지역의 야쿠츠크, 시베리아, 카자흐스탄, 이슬람, 내몽골과
중국 사람들까지 와서 공부하고 훈련받으며 네트워크를 만들어
선교하는 꿈을 꾸고 있다.

또한 약 10년 전부터 '모바일 바이블 아카데미'(Mobile Bible
Academy)를 시작했다. 몽골인들이 대부분 유목민으로서 흩어져
이동하며 생활하기 때문에 세운 학교이다. 우리가 몽골 전국을

지도자 학교
새생명교회에서 진행하고 있는 지도자 학교의 현장.

돌면서 세미나를 열기도 한다. 몽골은 이런 방법으로 지도자를 양성하고 그들이 교회를 개척하도록 돕는 시스템이 필요하다. 몽골 지방의 목회자들과 평신도 지도자들이 울란바트로나 각 시골의 거점에 모여 훈련받으며, 2022년에는 30명이 졸업하고 5명이 목사 안수를 받았다. 지금도 몽골의 각 지역에서 온 30여 명이 공부하고 있다.

앞으로는 이 지도자 학교를 몽골의 초원에 세우는 꿈을 꾸고 있다. 이른바 '초원학교'라는 이름의 게르 학교를 세우는 것이다. 몽골 각 지역에서 온 사람들이 게르에서 같이 생활하면서 훈련받는 것이다.

몽골 역사를 보면, 칭기즈칸이 양털로 만든 게르 안에서 장군들과 함께 세계를 정복하는 꿈을 꾸고 전략을 수립했다. 그런 것

누군가 사랑하면 누군가 산다

처럼 이제는 중앙아시아의 여러 지도자들이 그리스도 안에서 하나가 돼, 몽골 초원의 게르에서 함께 세계선교를 위해 기도하고 네트워크를 만드는 사역을 하기 원한다.

칭기즈칸이 활동하던 때에도 기독교인이 있었다고 한다. 역사는 칭기즈칸의 아내와 왕족의 부인들이 기독교인이었다고 증거한다. 이후에 모라비안 선교사가 몽골에 복음을 전했던 역사도 있다. 하지만 토속신앙과 불교의 영향 가운데 기독교는 오랫동안 몽골에서 사라진 것 같았다. 20세기에 공산화가 되면서 기독교는 물론 모든 종교가 핍박받아 소멸하다시피 했다. 그런 몽골에 복음이 다시 들어온 것이 고작 30년밖에 되지 않았다. 그래서 몽골 교회는 아직 자립하지 못한 곳이 많다. 하지만 이제는 외국에서 받기만 하는 교회가 아니라, 스스로 교회를 개척하는 교회가 되어가고 있다. 나아가 다른 나라에도 선교하는 교회가 되기를 기도하고 있다. 복음에 빚진 자의 마음으로, 몽골이 복음을 전하는 선교의 나라가 속히 되기를 기도한다.

우리가 한국 선교사님들에게 들은 이야기가 있다. 옛날 한국 교회는 돈이 있어서 전도한 것이 아니었고, 가난해도 전도했다고 하셨다. 몽골처럼 가난하던 한국이 복음을 받아들이면서 교회가 부흥했고, 20세기에 세계에서 미국 다음으로 많은 선교사를 보낸 나라가 됐다고 했다. 그 이야기를 들으며, 우리 몽골 교회도 그래야 한다고 생각했다. 한국 교회의 경험이 몽골 교회에 도전이자 희망인 것이다. 더구나 우리는 세계를 정복한 칭기즈칸의 후예라는 자부심이 있지 않은가. 칭기즈칸처럼 다시 칼로 세계를 정복하겠다는 게 아니다. 이제는 사랑으로 세상에 복음을 전하겠다는 꿈을 품는 것이다. 이 사역을 위해 몽골 교회와 한국 교회가 동역하기를 바란다.

칭기즈칸의 후예인 우리 몽골 교회야말로 주님이 오실 날이 갈수록 가까워지는 21세기에 세계 선교의 사명을 감당할 수 있는 나라라고 믿는다. 이 마지막 때에, 몽골 교회는 하나님의 말씀의 검을 가지고 땅끝까지 가서 주님을 전할 것이다. 하나님께서 칭기즈칸에게 꿈을 주셔서 세계를 정복하게 하신 것처럼, 이제는 우리들이 세계 복음화의 꿈을 품는 것이다. 우리는 이 비전을 위해 쓰임받을 것이라고 믿는다. 몽골 교회가 앞으로 그런 사명을 감당할 수 있도록, 한국 교회가 더 많이 응원하고 기도해주시기를 부탁드린다.

누군가 사랑하면 누군가 산다

최순기 선교사님이
사랑한 성경

최순기 선교사님은 성경을 사랑하셨다. 신앙생활의 기본은 성
경을 읽고 묵상하여 삶에 적용하고 실천하는 것이라고 우리에게
늘 가르치셨다.

나는 최 선교사님에게 배운 대로 성경을 열심히 읽었다. 내 성
경책은 하도 많이 읽어서 책 두께가 조금 두꺼워졌다. 책을 많이
읽으면 새것일 때보다 두꺼워진다는 걸 이해하실 것이다.

새생명교회의 교인들도 성경을 열심히 읽었다. 어떤 자매의
성경책은 다른 사람들 것보다 거의 두 배는 두꺼워 보였다. 왜
그런지 궁금해서 자매의 성경책을 보니 페이지마다 테이프가 붙
어 있었다. 딸이 성경책을 본다고 그 아버지가 빼앗아 찢어버렸
는데, 자매가 그걸 테이프로 붙였기 때문이다. 자매의 아버지는
딸이 성경을 또 읽으면 때릴 거라고 협박했다. 하지만 자매는 밤
에도 자지 않고 화장실에서 몰래 읽었다. 그러다 들켜서 아버지
에게 또 맞았다. 그럴 때마다 또 성경이 찢어졌다.

자매는 성경을 읽을 때 은혜받아서 울곤 했는데, 성경책을 찢

어버리는 아버지의 핍박이 서러워서 운 날이 더 많았다. 성경을 읽을 때마다 하도 울어서, 눈물이 성경책을 적신 자국이 흥건했다. 자매의 성경책은 찢어진 곳에 붙인 테이프와 그 위에 떨어진 눈물 때문에 그렇게 두꺼워진 것이었다.

성경을 필사하며 치유받다

벨크에서 새시작교회를 개척할 때, 교회에 60대 할머니가 오셨다. 할머니는 고혈압 때문에 병이 생겨 반신마비 상태였다. 머리카락이 빠졌고 손이 자유롭지 못했으며, 말도 잘하지 못했다. 그 할머니가 교회에 처음 온 날이 마침 내가 가서 설교한 날이었다.

그날 내 설교의 내용은 성경을 열심히 읽자는 것이었는데, 예화로 내가 한국에서 본 성경 필사하는 할머니 이야기를 들려주었다. 어떤 한국 할머니가 나이 들어 예수를 믿었는데, 어릴 때 한글을 못 배워 성경을 못 읽었다. 하지만 글자 모양대로 손으로 베껴 쓰는 성경 필사를 시작하였다. 그러자 한글도 깨우치고 은혜를 많이 받아, 몸까지 건강하게 되었다는 이야기이다.

"한국 교회에는 그럴 정도로 믿음의 어머니가 많습니다. 몽골 교회에도 성경을 필사하는 믿음의 어머니들이 많아지면 좋겠습니다. 아멘?!"

그날 설교가 그 할머니에게 도전이 됐고 희망을 준 것 같다.

할머니들의 성경 필사
믿음으로 성경을 필사한 고비사막교회의 할머니들.

할머니는 몽골어 성경을 필사하기로 마음먹었다. 손이 불편해 밥도 잘 드실 수 없었지만, 할머니는 노트를 구해 성경을 쓰기 시작했다. 자녀들은 숟가락도 못 드는데 무슨 성경 쓰기냐고 말렸다. 하지만 할머니는 믿음으로 쓰겠다고 고집했다.

할머니는 신약성경부터 쓰기 시작했는데 볼펜을 들면 땀부터 나와 너무 힘이 들었다. 그래도 힘을 달라고 기도하면서 마태복음을 쓰기 시작했다. 글자 하나를 쓸 때마다 너무 아팠다고 한다. 그런데 기적이 일어났다. 한 장씩 쓸 때마다 손이 풀리기 시작하더니, 결국 마비됐던 몸이 전부 풀렸다. 머리카락도 자라났다. 완전히 치유받은 것이다. 내가 그 교회를 다시 방문했을 때, 할머니가 자랑하려고 자신이 쓴 필사 신약성경을 보여주었다.

"목사님, 내가 목사님 설교 듣고 믿음으로 말씀을 적었는데,

하나님이 나를 고쳐주셨어요. 봐요! 나 지금 건강하잖아요. 머리카락도 다시 났어요."

내가 이 할머니의 간증을 소개하는 교회마다 성경을 필사하는 할머니들이 생겨났다. 사막에 사는 어느 할머니는 창세기부터 계시록까지 성경 전체를 3년 만에 다 쓰셨다. 심지어 어떤 할머니는 천에 실로 자수를 놓으며 성경을 필사했다. 이건 손으로 쓰기보다 훨씬 어렵고 시간도 더 걸리는 일이다. "왜 그렇게 했느냐"고 물으니까, "하나님의 말씀은 손으로만 쓰기에는 너무나 귀하기 때문"이라고 답하셨다.

나는 이 할머니들의 순수하고 순전한 신앙을 보고 목사로서 오히려 도전받았다. 최 선교사님의 순수한 신앙을 보고 본받으려 애썼던 새생명교회와 그 개척교회들의 교인들이 더 순전한 신앙을 키워가는 모습이 자랑스럽다. 몽골 교회가 말씀을 사랑하는 순수한 신앙을 지켜갈 수 있도록 기도를 부탁드린다.

선교사님이 강조한 말씀들

최순기 선교사님이 우리에게 성경 읽기를 강조하시는 한편, 특별히 중요하게 여기라며 자주 읽어주신 성경 구절이 있다.

첫째, 갈라디아서 2장 20절이다.

"내가 그리스도와 함께 십자가에 못 박혔나니 그런즉 이제는 내가 사는 것이 아니요 오직 내 안에 그리스도께서 사시는 것이라 이제 내가 육체 가운데 사는 것은 나를 사랑하사 나를 위하여 자기 자신을 버리신 하나님의 아들을 믿는 믿음 안에서 사는 것이라."

최 선교사님이 이 말씀을 가지고 설교하신 건 헤아릴 수 없을 만큼 많았다. 우리가 그리스도 안에서 죽었다는 말씀을 자주 강조하기 위해서였다. "그러므로 이제 우리 것은 없다"라는 말씀을 하셨다. 이것이 최 선교사님이 강조하신 말씀 중에서 대표라 하겠다.

둘째, 요한복음 12장 24절이다.

"내가 진실로 진실로 너희에게 이르노니 한 알의 밀이 땅에 떨어져 죽지 아니하면 한 알 그대로 있고 죽으면 많은 열매를 맺느니라."

이 말씀은 갈라디아서 2장 20절 말씀과 일맥상통하는 것이다. 최 선교사님은 실제로 이 말씀처럼 사셨다.

셋째, 고린도후서 5장 17절이다.

"그런즉 누구든지 그리스도 안에 있으면 새로운 피조물이라 이전 것은 지나갔으니 보라 새 것이 되었도다."

이것은 새생명교회가 비전으로 삼은 말씀이다. 최 선교사님은 우리 교회의 비전이 그리스도 안에서 새로워지는 것이라고 항상 외치셨다.

넷째, 시편 18편 1절이다.

"나의 힘이신 여호와여 내가 주를 사랑하나이다."

이것은 최 선교사님이 가장 좋아하고 자주 암송하셨던 구절로, 묘비에 써달라고 부탁하셨던 말씀이기도 하다. 선교사님은 이 말씀처럼 하나님을 진정으로 사랑하셨다. 하나님을 사랑하시는 만큼 우리들도 사랑하셨다. 그래서 우리는 이 말씀을 묘비에 쓰고 새생명교회에도 새겼다.

최 선교사님은 사랑하는 세 딸을 미국에 두고 몽골에 오실 때도 이 시편 말씀을 가족과 나누셨다고 한다. 1994년 몽골에 오기 전에, 미국에서 아내와 세 딸과 가정예배를 드릴 때 딸들의 발을 씻어주었다고 한다. 아버지로서 세족식을 한 것이다. 그 자리에서 식구들이 함께 부른 찬양이 시편 18편의 말씀으로 만든 '나의 힘이 되신 여호와여 내가 주님을 사랑합니다'(최용덕 곡)였다고 한다. 발을 씻어주면서, 이렇게 말했다고 한다.

"아빠는 이제 몽골에 간다. 우리의 힘이신 하나님을 아빠가 사랑하기 때문이다. 그래서 예수님이 십자가를 지러 떠나시기 전에 제자들의 발을 씻어주신 것처럼, 나도 너희들의 발을 씻어주는 것이다."

최 선교사님은 몽골 교인들과 예배할 때 '예수보다 더 좋은 친구 없네(예수 사랑 참 좋은 예수 사랑)'과 '위대하고 강하신 주님' 같은 경쾌한 곡을 부를 때는 교인들 앞에서 춤까지 추시며 힘차고 뜨겁게 찬양하셨다. '위대하고 강하신 주님'을 부를 때 선교사님이 앞장서기 시작하면 교인들이 그 어깨를 잡고 기차처럼 따라가며 찬양했다. 그러면 예배는 축제가 됐다. 그리고 마지막으로 부른 곡이 바로 '나의 힘이 되신 여호와여 내가 주님을 사랑합니다'였다. 이 곡은 서로 손을 잡거나 둘러서서 천천히 불렀다. 그럴 때 울지 않은 사람이 거의 없었다. 울 수밖에 없는 분위기였다. 선교사님과 함께 예배하고 찬양할 때는 정말 온몸으로 즐겁게 찬양했고 은혜에 빠져 울었다.

다섯 번째, 디모데후서 4장 6절부터 8절까지의 말씀이다.

"전제와 같이 내가 벌써 부어지고 나의 떠날 시각이 가까웠도다 나는 선한 싸움을 싸우고 나의 달려갈 길을 마치고 믿음을 지켰으니 이제 후로는 나를 위하여 의의 면류관이 예비되었으므로 주 곧 의로우신 재판장이 그 날에 내게 주실 것이며 내게만 아니라 주의 나타나심을 사모하는 모든 자에게도니라."

이 말씀은 사도 바울이 순교를 각오하면서 제자 디모데에게 남긴 유언 같은 말씀이다. 최 선교사님은 정말 바울 같은 분이었다. 나는 영광스럽게도 디모데 같았다고 생각한다. 내게 이 말씀을 들려주신 의미는 이런 것이었다. 이 말씀은 릴레이 달리기에서 먼저 달린 선수가 이어 달릴 선수에게 봉을 넘겨주는 것을 연상시킨다. 영어로 패싱(passing)하는 것이다. 올림픽 개회식에서 성화를 전달해 불을 밝히는 과정과 유사하다. 유명인이나 메달을 땄던 선수들이 성화를 들고 달려와 다음 선수에게 전달한 다음, 마지막 주자가 경기장에 불을 밝힌다. 최 선교사님도 몽골에서 선교하며 우리들을 양육하실 때, 자신이 마치 성화를 전달하기 위해 달리는 선수 같다고 생각하셨다. 그래서 온 힘을 다해 선교를 위해 뛰셨다. 그리고 우리들에게 그 복음이라는 성화를 넘겨주신 것이다. 우리는 그것을 이어받아 결승 지점까지 계속해서 달려야 한다.

최 선교사님이 운동을 한 분이기에, 달리기에 비유한 이 말씀이 더 깊이 와닿는다. 선교사님은 운동할 때는 정말 가진 힘을 다 쏟으셨다. 사역하실 때나 기도하실 때나, 언제나 최선을 다 기울이셨다. 기도하실 때는 예수님처럼 "내 뜻대로 마시옵고 아버지 뜻대로 하시옵소서"라고 기도했다. 우리들을 훈련시킬 때도 우리의 생각을 보지 않게 했고, 그리스도 안에서 죽어서 하나님 뜻대로 해야 한다고 가르치셨다.

최 선교사님은 떠날 시각이 가까워짐을 느끼셨던 것 같다. 그래서 선한 싸움을 싸우고 달려갈 길을 마치고 믿음을 지키셨다. 주님이 주실 의의 면류관이 예비된 것을 보시고, 그것을 받기 위해 끝까지 충성하셨다. 선교사님뿐 아니라 주님이 다시 오실 것을 사모하는 우리도 그래야 한다. 선한 싸움을 싸우고 달려갈 길을 달리며 믿음을 지켜야 한다. 그리하여 언젠가 이 몽골 땅에, 그리고 주님이 오실 그날에 영광의 불을 밝힐 것이다. 의의 면류관을 받을 것이다.

하나님의 사역은 죽지 않는다

예수님이 떠나가실 때 제자들에게 하신 말씀이 있다.

"내가 떠나가는 것이 너희에게 유익이라"(요 16:7).

"나를 믿는 자는 내가 하는 일을 그도 할 것이요 또한 그보다 큰 일도 하리니"(요 14:12).

최순기 선교사님도 우리에게 이런 뜻으로 말씀을 하셨다.

"하나님이 시작하신 이 일을 이제까지는 내가 해왔는데, 앞으로는 여러분들이 계속해서 잘 해나가야 한다."

하지만 목사님이 돌아가실 때만 해도 우리는 충분히 준비가 되어 있지 못했다. 몽골 교회를 이끌어가야 하는데, 고민이 정말 많았다. 그때 하나님이 주신 말씀이 이것이다.

"하나님의 사람이 죽어도 하나님의 사역은 죽지 않는다. 하나님의 사람은 땅에 묻혀도, 하나님의 일은 계속 진행된다."

최순기 선교사님은 몽골 교회에 복음을 전해주시면서 먹을 것과 입을 것을 같이 나눠주셨다. 마지막에는 자기 생명까지 주셨다. 그 위에 몽골 교회가 세워졌다. 우리는 그렇게 받은 복음에 빚진 마음이 있다. 그 빚을 갚는 방법은 우리가 복음을 전하는 것이다.

최 선교사님은 지난 2000년 미국 시카고에서 열린 세계한인선교사대회에서 간증할 때 이런 말을 하셨다고 한다.

"몽골의 어린이들이 무거운 우유통을 짊어지고 우유를 사라고 외치는 걸 본 적이 있습니다. 우리는 영혼 구원을 위해 얼마나 외치고 있습니까? 자성해야 합니다. 우리는 땅끝까지 이르러 증인이 되라는 주님의 말씀을 가슴에 되새겨야 합니다."

선교사님은 넓은 몽골 땅에 교회가 많지 않은데, 새생명교회가 10개의 교회를 개척하자고 하셨다. 북한선교도 하면 좋겠다고 하셨다. 이것은 새생명교회를 처음 시작할 때부터 하신 말씀이다. 그때 우리는 그 말을 이해할 수 없었다. 아직 제대로 된 교회가 아니었기 때문이다. 스무 명도 안 되는 청년들이 무엇을 할 수 있다고 생각했겠는가?

하지만 몽골 교회가 30년이 지난 지금, 100년이 지난 한국 교회를 보면서 배우고 본받는 것이 있다. 한국도 과거에는 경제가 어려울 때가 있었다. 그럴 때 가장 많은 선교를 했고 부흥했다. 한국 교회가 돈이 많아서 선교하고 부흥했던 것이 아니었다. 오직 믿음으로 했던 것이다. 그런 것처럼 몽골 교회도 아직 온전히 자립하지 못했고 경제적으로도 힘이 없지만, 그래도 먼저 선교하는 교회가 되기를 기도하고 있다.

몽골 교회가 선교적 교회가 되고 오직 하나님의 뜻과 의만 구

아기를 안고서 성경을 읽는 몽골 남자
뭉흐의 책 성경의 열쇠 표지 그림에 쓰인 그림.

하며, 주님이 다시 오실 때까지 선교하는 마음을 잊지 않고 품고 있다면, 하나님이 반드시 몽골 교회에 복을 주셔서 인력이든 재정이든, 우리에게 필요한 모든 것을 채워주실 줄 믿는다. 이 마음과 믿음을 지키기 위해, 우리는 오늘도 말씀을 읽고 붙잡고서 기도한다.

몽골 교회가 최순기 선교사님의 유업을 이어받아, 말씀을 붙잡는 가운데 선교라는 지상명령을 주님 다시 오시는 날까지 감당할 수 있기를, 한국 교회가 함께 기도해주시기를 부탁드린다.

마라나타, 주 예수여, 어서 오시옵소서! 아멘.

몽골의
기독교 역사

몽골의 현대 기독교 역사는 아직 반 세기에도 이르지 못했다. 내가 예수를 믿은 것이 공산국가에서 민주화가 된 1990년 전후인데, 그때부터 몽골에 기독교 선교사가 들어오기 시작해 교회가 시작되었으니, 고작해야 30년이 조금 넘었다.

하지만 역사를 살펴보면, 이건 몽골에 세 번째로 복음이 들어온 것에 불과하다. 칭기즈칸이 활동하던 12세기의 몽골에 이미 복음이 전파되고 있었다는 증거가 있다. 당시 왕족 여성들이 기독교인이었다고 한다.

칭기즈칸이 태어나기 훨씬 전에, 중국을 비롯한 동양에 기독교가 전래됐다는 증거가 있다. 1623년, 명나라 때 중국의 시안(샨시)에서 네스토리안(nestorian, 경교) 기독교도가 세운 것으로 보이는 비석이 발견됐다. 당나라에 기독교가 전파되었음을 보여주는 '대진경교유행중국비(大秦景敎流行中國碑), 이른바 네스토리안 비석(The Nestorian Stele)이다.

네스토리안 비석이 세워진 해는 781년이다. 비석에는 네스토리안 교리와 의례, 시리아어로 적힌 선교사 이름 등이 있어 당시 문화교류를 살펴보는 데 중요한 자료가 된다. 이 비석에는 경교, 즉 네스토리우스파 그리스도교가 635년에 장안에 와서 약 150년 간 중국에서 왕조의 보호를 받고 선교활동을 했다고 기록돼 있다. 특히 몽골이 중국을 지배하면서 경교는 꽃을 피웠다. 몽골에 처음 복음을 전한 것이 경교인 것이다.

경교는 몽골 제국을 구성하게 된 몇몇 북방 유목민들에게 포교되었고, 칭기즈칸의 일부 가계나 이들과 사돈 관계에 있는 이들 가운데 경교를 열심히 믿는 유목 집단이 많았다고 전해진다. 그래서 원나라가 중국을 지배하는 동안 기독교가 발흥했으나, 티베트 불교를 신앙하는 세력과 '오이라트'라 불리는 양대 세력이 점점 성장하면서 경교를 신앙하는 유목 집단은 소멸되었다. 그 결과, 현대 몽골은 20세기의 공산화와 더불어 기독교의 흔적 또한 소멸된 나라가 됐다. 그래서 몽골의 기독교는 20세기가 끝날 무렵에 처음 시작된 것으로 알려진 것이다.

네스토리안 경교

네스토리안은 콘스탄티노플의 대주교였던 네스토리우스의 추종자들을 말한다. 네스토리우스는 마리아가 하나님의 어머니라는 당시 가톨릭의 신모설을 부인하여 이단으로 몰린 사람이다. 그들의 선교 열정은 상상을 초월했다. 그들에게 이단 낙인이 찍히고 핍박이 심해지자, 그들 가운데 실크로드를 거슬러 동방에 복음을 전한 이들이 중국에서 경교(景教)로 불린 것이다.

비석에 쓰인 '대진'(大秦)이란 후대 비잔틴 제국, 즉 기독교가 국가 지배 체제이던 크리스텐덤 시대의 핵심 지역인 로마제국의 동방령(현재의 튀르키예)을 말한다. 이 비석이 세워진 장안의 사찰 이름도 대진사(大秦寺)이다. 당나라 말기 무종 때 불교와 함께 마니교, 조로아스터교, 경교 등을 배척한 회창폐불(會昌廢佛) 때 탄압받아 대진사는 파괴되고 비석도 땅에 묻혔다가, 그로부터 몇백 년 뒤에 발견되었다.

빛날 경(景) 자를 쓰는 경교는 말 그대로 '크고 밝게 빛나는 종교'란 뜻이다. 중국에 뿌리내린 경교가 중국에서 흥황한 것은 물론 몽골에도 전파되었다고 추정할 수 있는 유물이 몽골에서 다수 발견되었다.

몽골의 바양홍고르에서 9세기 것으로 추정되는 비석이 발견됐는데, 그 돌에는 십자가 문양이 있고 기독교 전래에 대한 내용이 시리아 문자로 기록돼 있다. 이 때문에 몽골에도 9세기 이전에 기독교가 전래됐다고 추정되며, 이것은 중국에 전파됐던 경교가 몽골에도 전파되었을 것으로 볼 수 있는 자료이다. 또한 1162년에 태어난 칭기즈칸이 역사의 무대에 등장하기 200여 년 전에 이미 복음이 몽골에 전해져 있었다는 증거이기도 하다. 한국의 고대 국가인 발해와 신라에서 돌 십자가가 발견된 것을 경교 전래의 흔적으로 추정하는 것과 같다.

칭기즈칸 주변의 기독교인

칭기즈칸이 몽골의 왕이 될 때 후레드(Khereid) 족속이 그의 왕권 확립에 기여하는데, 그 족속 가운데 기독교인이 있었다고 한다. 이 족속과 관련한 일화가 있다. 칭기즈칸이 중앙아시아 호레즘(khorazm, 현재 우즈베키스탄과 투르크맨과 겹치는 지역)과 전쟁하기 전에 사흘간 산에 가서 기도했다. 셋째 날, 꿈속에서 검은 옷을 입은 사람이 나타나 '걱정하지 말라. 전쟁에서 승리할 것이다'라는 말을 해주었다고 한다. 이 꿈을 후레드 왕의 딸이며 자신의 아내인 왕비에게 말했는데, 기독교인으로 알려진 왕비는 "하나님께서 도와주실 것이다. 그러므로 당신은 이길 것이다"라고 격려했다고 한다.

몽골을 중심으로 동쪽으로는 중국과 한국, 서쪽으로는 로마제국과 중동에 이르기까지, 무려 40개 국에 달하는 세계를 정복했던 칭기즈칸은 세계정복이 하늘의 뜻이라고 믿었다고 한다. 칭기즈칸이 생각한 '하늘'이 기독교 신앙의 여호와 신앙과 일치하는 것 같지는 않고 그 자신이 진짜 기독교인이었는지 분명하지 않지만, 그의 주변에 아내를 비롯해 기독교인이 있었던 건 분명하다.

칭기즈칸은 나이 들어 죽음이 가까워지자 학자들에게 영원히 살 수 있는 샘물을 찾았다고 한다. 그러나 학자들은 그런 샘물은 없다고 답해주었다. 이 이야기에서 추론해보면, 칭기즈칸은 생명의 물이신 예수님을 만나지 못했던 것 같다. 하지만 칭기즈칸이 지배하고 몇 대를 이어간 몽골제국은 기독교를 비롯한 모든 종교에 우호적이었다. 정복한 나라가 굴복하기만 하면 자치를 허락할 만큼 개방적인 제국주의 국가였다.

그의 아들 중에 중국을 정복하고 원나라를 세운 호블레칸은 지금의 북경을 수도로 삼으면서 그곳에 교회를 세웠다고 한다. 그때 동방견문록을 쓴 마르코 폴로가 북경에 왔다가 중국인들이 예배드리는 모습을 보고 깜짝 놀랐다. 그 이야기를 로마에 돌아가 보고했는데, 아무도 그 말을 믿지 않았다. 당시 로마 교회가 동방에 선교사를 보낸 적이 없으니, 교회가 있을 리 만무하다는 생각 때문이었다. 그들이 이단시했던 네스토리안의 포교는 상상하지 않았던 것 같다.

호블레칸이 마르코 폴로를 통해 100명의 기독교 사제를 보내달라고 요청했다고 한다. 그러나 폴로의 보고를 로마 교회가 믿지 않았기에 그 요청은 거부되었고, 훗날 10명 내외의 사제가 선교사로 파송되었을 뿐이다. 만약 호블레칸의 요청을 받아들였다면, 지금 중국과 몽골과 한국을 비롯한 동방의 역사는 크게 달라졌을지 모를 일이다.

한편, 몽골의 어느 옛 무덤에서 13세기 여인으로 추정되는 유골이 발견됐다. 놀랍게도 유골의 가슴에 십자가 목걸이가 걸려 있었다. 몽골에는 경교 전래 이후에도 꽤 오랫동안 기독교가 전파되고 있었다고 추정할 수 있는 유물이다.

모라비안 형제들과 성경 번역의 기여

경교가 사멸된 다음, 16세기에 새로운 기독교가 전파되기 시작했다. 그 주동자들이 이른바 '모라비안형제들'이다. 아이삭 야코프 슈미트(Isac Jacob Schmidt)라는 홀랜드 학자가 몽골에서 사업하며 성경 번역을 시도했다는 기록이 있다. 이것이 몽골에 복음을 전파한 두 번째 경로라고 볼 수 있다.

19세기에 영국에서 온 제임스 길모어(James Gilmore)라는 의사가 의료선교를 했다는 기록이 있다. 20세기 초인 1920년, 몽골 사막에서 3명의 여성이 선교했다는 기록도 있다. 이들은 '사막의 세 여인'으로 불렸는데, 그들은 "샤먼을 믿는 몽골 사람에게 하나님에 대한 지식을 전해주고 싶다. 이 외에는 중요한 일이 없어서 우리는 그들에게 간다"라고 말했다고 한다. 이들이 활동한 시기는 몽골이 공산화되는 시기와 맞물려 있어서, 안타깝게도 이후의 행적은 불분명하다.

20세기가 시작되는 직전과 직후 시기에 복음이 전파된 위의 기록들을 본격적인 세 번째 복음 전파의 사례로 보기는 어려울

누군가 사랑하면 누군가 산다

것 같다. 곧 이어진 공산화 때문이다. 그렇다고 해서 현재의 몽골 교회와 전혀 무관하다고 단정하기는 또한 곤란하다.

몽골은 1921년 공산국가가 되기 전까지 중국의 지배를 받고 있다가, 1924년에 마지막까지 남아 있던 선교사가 쫓겨나면서 공산화 이전의 기독교는 사실상 멸절됐다. 기독교인을 내쫓았을 뿐 아니라 불교도 마찬가지로 핍박했다. 불교의 경우는 그 뿌리가 깊고 승려와 교인도 훨씬 많아서 핍박과 피해는 더 심했는데, 승려들은 발각되면 죽임당했다. 일종의 종교 대청소를 한 것이다. 공산화되기 전까지, 몽골은 남자 세 명 중 한 명이 승려일 정도로 불교가 강했다. 공산 정권은 지나친 종교 과잉이 나라를 망친다는 명분으로 특히 불교를 탄압했던 것이다.

그런데 몽골이 공산국가이던 시절에, 몽골 바깥에서는 몽골어 성경 번역을 중심으로 한 선교적 움직임이 있었다. 1952년 홍콩에서 성경번역선교사들이 몽골어로 신약성경을 번역했고, 존 기븐스가 1972년부터 몽골어 신약성경 번역 작업을 시작했다. 이것은 러시아 알파벳으로 쓰인 최초의 몽골어 성경이다. 이것이 1989년에 완성돼 몽골에 반입되었고, 기븐스도 몽골인 아내와 함께 몽골에서 살았다. 그 덕분에, 그 성경이 내가 처음 읽은 성경책이 되었다. 이외에도 몽골인을 위한 성경 번역이 시도된 사례는 상당히 많다. 몽골의 성경번역 역사에 대해서는 대한성서공회 누리집에 올라 있는 안교성 선교사님의 논문을 보면 자세히 알 수 있다. 20세기 초에 뿌려지기 시작한 복음이 씨앗이었다면, 20세기 중반부터 시작한 성경번역 사역은 몽골 교회라는 꽃을 피우는 데 기여한 것으로 보아야 할 것이다.

복음 사역에서 의미 없는 것은 없다. 합력하여 선을 이룬다.

몽골에 오신 한국 선교사들께 감사드리며

몽골은 네스토리안과 모라비안에 이어, 20세기에는 민주화와 더불어 성경 번역 선교가 활발해졌다. 그러면서 세 번에 걸쳐 복음이 전파되고 뿌리내리기 시작한 독특한 교회 역사가 있다. 이 모든 것이 그토록 열악한 시대에 해외 선교사들이 와서 헌신한 결과라고 나는 생각한다. 특히 1990년 이후의 몽골 선교에는 대한민국뿐 아니라 독일과 영국 등 서구 선교사들이 기여한 바가 컸다. 우리는 몽골에 오신 모든 선교사들에게 감사드린다.

특히, 우리 새생명교회와 형제 교회들은 최순기 목사님을 비롯한 한국 선교사들의 영향을 가장 많이 받았다고 고백하지 않을 수 없다. 최 선교사님과 함께 신학교를 세우시고, 성경을 번역하면서 교회를 개척하신 안교성 선교사님을 비롯해, 수많은 한국인 선교사들이 몽골 교회 설립과 부흥에 기여한 바는 상당하다.

한국 교회의 해외선교 사례 중에서 한국 선교사가 가장 큰 영향과 업적을 남긴 국가가 바로 몽골인 것으로 안다. 한인 선교사들을 통해 몽골이 하나님의 복음을 받았다고 해도 과언이 아닐 것이다. 그러므로 몽골은 복음에 빚진 나라이다. 특별히 한국 교회에 사랑의 빚을 졌다. 우리는 한국 교회와 몽골에 헌신하신 한국인 선교사들에게 다시 한번 경의를 표한다. 내가 그 분들의 이름을 일일이 다 적지 못하는 것을 용서하시기 바란다.

그 모든 한국인 선교사들 중에서, 몽골인 목사가 특별히 최순기 선교사님 이야기를 책으로 기록하여 기념하는 것을 이해해주시리라 믿는다. 그는 나의 아버지이기 때문이다. 그 분이 복음으로 나를 낳으셨다.

나는 아들로서, 아버지를 추억하며 이 책을 썼다.

이용규《내려놓음》저자, 자카르타대학 설립추진위원장

제가 뭉흐 목사님을 만난 것은 2007년경이었습니다. 몽골 땅에서 하나님이 주신 부흥의 씨앗들을 찾으며 기도하던 때였습니다. 마침 뭉흐는 미국에서 신학 공부를 하고 있다가 몽골에 잠시 방문하고 있었습니다. 작고하신 최순기 목사님이 사역하셨던 새생명교회를 방문해서, 최 사모님과 교회 리더들을 통해 최 선교사님의 일화를 들으며 눈물 흘렸던 기억이 아직도 새롭습니다. 그 기억을 제 책에도 기록한 적이 있습니다.

뭉흐 목사님은 최순기 목사님의 돌봄 가운데 어려서부터 사랑으로 섬기는 목회가 무엇인지를 몸으로 체득하며 자란 몽골 교회의 귀한 리더입니다. 한국과 미국에서 공부하고 세 개의 언어를 유창하게 구사합니다. 아름다운 몽골어 찬양을 만든 분이기도 합니다.

몽골 사역에 대해 선교사가 쓴 책이 여럿 있지만, 몽골인이 자신의 시각에서 몽골에서의 교회 사역과 선교 이야기를 담은 책은 흔하지 않습니다. 그 분들의 시각을 통해, 우리는 몽골 교회와 성도들의 시각으로 그들의 교회 개척과 선교사 이야기를 볼 수 있습니다. 이 책에 나오는 몽골 교회의 초기 부흥의 뜨거움과 특별한 은혜와 사랑의 이야기가 독자들의 가슴에 새로운 열정을 불러오기를 기대합니다.

제게 '몽골' 하면 생각나는 두 사람이 있습니다. 바로 최순기 선교사님과 그의 제자 뭉흐 목사입니다. 새생명교회를 건축하기 시작하던 때에 선교사님과 교인들이 몽골을 안내해주셨고, 우리는 사모님의 헌신적인 사역을 보며 많은 도전을 받았습니다.

그때 알게 된 사실은, 최 선교사님이 북한 선교에 대해 남다른 관심을 가지고 기도하고 계신 것이었습니다. 북한에서 돌아가신 후에 일어난 충격적인 소식을 듣고, 제가 평양에 갔을 때 일부러 선교사님이 쓰러지셨던 지하도에 가보았으며, 증인들의 이야기도 들었습니다. 인간적으로는 너무나 안타까운 일이지만, 선교사님은 오래 기도하셨던 북한 땅에서 그렇게 한 알의 밀알이 되셨습니다. 그 후 저는 뭉흐 목사를 통해서 새생명교회의 부흥 소식을 듣고 있습니다. 사람으로서는 다 이해할 수 없지만, 최 선교사님은 사명에 최선을 다하셨고, 그가 남겨놓은 제자들이 몽골 복음화의 주역으로 귀하게 쓰임 받고 있습니다. 훗날 몽골과 북한의 복음화가 이루어질 때, 최순기 선교사님의 이름이 크게 빛나게 될 줄 믿습니다.

강대흥 GMS 순회선교사, KWMA 사무총장

이 책은 평신도였던 최순기 집사가 단기선교를 통해 선교에 헌신하는 동기부여를 받고, 결국 목사가 되어 몽골 선교사로 헌신하게 된 과정을 보여줍니다. 그가 직접 전도하여 양육한 많은 몽골인 중에, 양아들인 뭉흐 목사가 저술한 최순기 목사의 선교 여정이기도 합니다.

이 책의 선교적 의미는 선교사가 전도하고 양육한 뭉흐 목사와 친구들이 최 선교사가 실천한 복음과 환대로 인해 예수님을 알게 된 것입니다. 몽골 선교사 최순기로 인해 몽골의 젊은이들이 예수님을 만나고, 그의 실천적 사랑으로 인해 예수님을 알게 되었습니다. 이들이 후에 목사로, 선교사로, 기독교 방송국 PD로, 그리고 교회 개척자로 나서면서 자비량으로 하나님 나라를 섬기고 있습니다.

이 책은 선교사들이 전도하고 양육한 현지인이 뭉흐 목사같이 될 수 있다는 것을 보여줍니다. 선교사에게 가장 중요한 사역은 사람을 키우는 것이라는 것을 또한 생각하게 합니다. 저는 선교사들이 먼저 이 책을 꼭 읽었으면 좋겠습니다. 선교에 관심있는 분들에게는 사람을 세우는 것이 건물을 짓는 것보다 더 유익하다는 선교적 사유가 일어나기를 바랍니다. 건강한 선교를 위해 정말 유익한 책입니다. 꼭 일독을 권합니다.

유영기 나성북부교회 은퇴목사, 해외한인장로회 총회장 역임

자신의 전부를 쏟아부어 사람을 사랑한다면 어떤 결과가 나올까요? 몽골 새생명교회는 50세에 시작하여 남은 생을 아낌없이 투자한 고 최순기 선교사의 살아있는 역사이며 열매입니다. 13년 정도의 비교적 짧은 사역이었지만, 그가 심은 사랑의 뿌리는 참으로 깊었습니

다. 그 사랑을 먹고 성장한 영적 자녀들이 몽골 전역에서 계속 복음의 씨를 뿌리고, 그 열매를 거두고 있습니다.

선교의 궁극적인 목적은 현지인에게 교회와 사역을 이양하는 것입니다. 최순기 선교사의 때 이른 죽음이 오히려 그 이양의 시기를 앞당겼습니다. 끝까지 믿어주고 사랑하는 법을 배운 뭉흐 목사와 동료들이 지금도 고인의 뜻을 계속 이어가고 있습니다. 주님을 찬양합니다. 할렐루야!

이웅조 갈보리교회 담임목사

이 책은 단순히 선교사님의 열전이 아니며 살아있는 몽골 선교 역사의 한 페이지입니다. 동시에 조수아 뭉흐라는 사람이 그리스도인으로 변화되는 과정을 담고 있습니다. 대부분의 선교사 열전이 선교사의 관점으로 기록된 것에 반해, 선교지에서 복음을 듣고 변화된 몽골인들의 관점에서 서술되었다는 것이 이 책의 특이점입니다. 선교사님의 눈물과 헌신이 몽골 전역에서 어떻게 열매를 맺고 선교의 불길을 일으켰는지, 더욱 쉽게 이해할 수 있는 관점이기도 합니다.

최순기 선교사님은 몽골에 건물이 아닌 그야말로 교회를 세웠습니다. 모든 기독교 역사에서 순전한 교회들이 그랬듯이, 그가 세운 몽골 교회는 또 다른 교회를 세워가고 있습니다. 생명이 생명을 낳는 기적의 현장 이야기가 이 책에 담겨 있습니다. 뿐만 아니라, 조수아 뭉흐라는 한 사람의 전인격적 변화를 통해 웅장하고 위대한 복음의 능력을 다시 확인할 수 있습니다.

현재 우리 갈보리교회는 뭉흐 목사와 함께 몽골 사역의 일부분을 담당하고 있습니다. 몽골 선교의 최전선에 서 계신 뭉흐 목사와 동역하게 하신 하나님께 영광을 올려드립니다.

이 책은 코로나19로 주저앉은 우리에게 일어나라고 속삭이고, 하나님의 나라를 위해 다시 걸으라고 외치며, 상처받은 자리를 싸매고 다시 전장의 한 가운데 서라고 노래합니다.

담담히 서술되고 있는 간결한 글귀들이 화살처럼 가슴에 와서 박히는 것은, 이 안에 흐르고 있는 예수 그리스도의 보혈 때문일 것입니다. 쉽게 책장을 펼치겠지만, 넘치는 감동 때문에 결코 쉽게 덮을 수 없는 책이 될 것입니다. 이 책을 읽는 모든 그리스도인에게 하나님의 크신 은혜가 임할 줄 믿습니다.

안교성 장로회신학대학교 교수, 전 몽골 선교사

이 책은 상식적인 선교사 상(像)을 파괴하는 저돌적 선교사의 일생을 들려준다. 그 파격성이 그를 만난 사람과 그의 이야기를 듣는 독자에게 큰 울림으로 다가온다. 그래서 이 책은 단순한 평전이 아니다.

뭉흐 목사는 최 선교사를 객관적으로 그리지 않고, 두 사람의 사적인 이야기를 통해 자신과 몽골 교회가 어떻게 변했는지 진솔하게 토로한다. 때로는 당황스러울 정도로 솔직하다. 그런 만남을 통해, 두 사람은 아버지와 아들이 되었다. "그리스도 안에서 일만 스승이 있으되 아버지는 많지 아니하니 그리스도 예수 안에서 내가 복음으로써 너희를 낳았음이라"(고전 4:15)라는 바울의 고백이 현실이 된 것이다. 과연 선교사 중에 아버지라 불린 이가 얼마나 될까? 그래서 두 사람은 행복하다.

또한 이 책은 현대선교, 특히 한국선교계에 교훈을 준다. 몽골인의 눈으로 본 한국선교를 논하기 때문이다. 세계선교계는 '한국선교가 열심 있는 선교를 넘어 성숙한 선교인가?'라는 질문을 던진다. 한국선교를 지척에서 경험한 사람이 들려주는 너그러우면서도 솔직한 평가 속에서 지혜를 건져낼 수 있다면, 이 책을 읽는 또 다른 보람이 되리라.

류철배 보배로운교회 담임목사, 예장통합 용천노회 노회장

동네 사거리에 20년째 붕어빵 장사를 하는 분이 있다. 추운 겨울날, 그에게서 붕어빵 한 봉지를 사 와서 부교역자들과 나눠 먹으며 얘기했다. "호도과자에는 호도가 들어 있는데 붕어빵에는 왜 붕어가 없을까?" 이런저런 얘기가 지나갔지만, 결론은 예수님 틀에서 찍어내면 예수님 같은 제자가 나와야 한다는 극히 목사다운 답이 나왔다. 예수님을 믿는다는 것은 예수님을 닮아가는 것이다. '최순기 선교사의 순교 이야기'를 읽다 보면 붕어빵 같은 조수아 뭉흐 목사를 생각하게 된다. 교회 개척 사역뿐 아니라, 영하 40도 추운 날씨에도 산

봉우리에 올라가 등에 땀이 배도록 기도하는 것까지, 그 제자들은 그 스승을 붕어빵처럼 빼닮았다.

내가 뭉흐 목사를 만난 건 약 10여 년 전, 용천노회 소속 목회자들이 몽골 목회자를 대상으로 세미나를 인도하기 위해 몽골을 방문했을 때다. 건장한 체구에 한국말을 유창하게 하는 뭉흐 목사를 만나 대화하니, 마치 '40대 시절의 조용기 목사님'을 만난 듯한 느낌이었다. 구령에 대한 열정과, 몽골 전역 21개 도에 교회를 세우겠다는 야심찬 계획을 말하며 진행하고 있는 방송 설교, 신학 서적 번역 출간, 성경 강해를 CD로 편집하여 지도자들에게 전달하는 일, 교인들에게 전도 훈련을 시켜 지방을 돌며 교회를 세워나가는 그의 다양한 활동을 보면서, 한국 교회가 조금만 엉덩이를 밀어주면 굉장한 사역을 할 인물임을 알게 되었다. 그 열정과 패기가 어디서 나온 것일까? 궁금하던 차에, 이 책을 읽으면서 의문이 풀렸다.

나는 '최순기 선교사'를 만난 적이 없지만, 이 책을 읽으면서 그 분이 얼마나 예수님을 닮았는지, 그리고 제자들에게 예수님의 모습을 얼마나 정확하게 보여주려고 애썼는지 알 수 있었다. 복음의 사람, 몽골 땅과 몽골인들을 지극히 사랑한 사람, 결국 자신의 뼈를 그 땅에 묻은 사람, 그는 실로 예수님의 제자였고, 많은 제자를 길러낸 훌륭한 선생이요 아버지였다. 최순기 선교사는 비록 북한에서 돌아가셨지만, 그 제자들이 사역을 이어받아 3세대, 4세대까지 후계자를 양성하며 교회를 세워가고 있다. 한 알의 밀이 땅에 떨어져 죽어 많은 열매를 맺은 것이다.

보배로운교회 성도들은 7년 전부터 뭉흐 목사와 새생명교회 성도들과 연합하여 몽골에 교회 개척 사역을 진행하고 있다. 매년 약 50여 명의 성도들이 12주간 선교 훈련을 받고, 몽골 교인들과 한 조가 되어 지방을 돌아다니며 복음을 전하고 있다. 가는 곳마다 교회가 세워지고 있는데, 벌써 5개가 세워졌다. 최순기 선교사의 DNA가 보배로운교회 성도들에게도 흘러가고 있는 것이다.

이 책을 읽으며 '선교란 무엇인가?'를 다시 돌아보게 되었다. 최 선교사를 통해 깨닫게 된 선교란, 그들과 한 가족이 되는 것이다. 그들의 아버지가 되고, 어머니가 되고, 형이 되고, 선생이 되고, 친구가 되는 것이다. 일생을 그렇게 살다가 그들 곁에 묻히는 것이다. 그 자리에서 붕어빵 같은 제자들이 일어나 선교 사역의 꽃을 피우고 있다.

이형석 워싱턴 타코마중앙장로교회 담임목사

최순기 선교사는 시카고 휘튼대학에서 1988년 여름에 열렸던 제1차 한인세계선교대회에 몽골인의 전통의상을 입고 등단하여, 선교 현장에서 자신이 경험하고 있던 하나님의 역사하심을 생생하게 간증했다. "건너와서 우리 몽골을 도우라"는 호소로 모든 참석자에게 깊은 인상을 남겼다.

그는 동족끼리 총부리를 겨눈 6.25전쟁 때문에 실향민이 되었다. 아메리칸 드림을 품고 미국으로 이민갔다가, 하나님의 부르심을 받아 몽골의 선교사가 되었다. 척박한 '노마드'의 땅보다 더 척박했던 몽골의 영적 토양에서, 개척선교사로서 현지의 청년들에게 복음을 전했다. 예수님의 뜨거운 심장으로 그들을 품고 아들과 딸처럼 사랑했다. 결국 그들을 몽골 교회의 장래를 짊어질 헌신자로 양육했다. 거기에 멈추지 않고, 얼어붙은 북녘땅에도 예수님의 사랑을 전하려는 열정을 불태웠다. 그러다가, 결국 북한을 방문하는 중에 생을 마감했다.

그러나, 그가 떠난 자리에 그의 몽골의 아들과 딸들이 일어나 교회를 든든하게 세우고 있다. 광활한 몽골 평원과 시베리아의 타이가 수풀과 고비사막 끝자락까지 교회를 개척하고 있다. 평양 당국자를 찾아가 영적 아버지 최순기 선교사의 시신이 몽골로 돌아오게 힘쓴 다음 안장한 울란바토르 새생명교회의 뭉흐 목사는 이제 몽골 교계뿐 아니라 전세계에 흩어진 몽골 디아스포라 교회들을 섬기는 영적 리더로 우뚝 서게 되었다.

최순기 선교사와 그의 몽골 아들들과 딸들의 이야기는 세속화되어 방황하는 대한민국의 MZ세대 젊은이들을 깨울 것이다. 그들이 복음을 깨닫고 복음 통일을 준비하며 미완성 과업의 완수에 헌신하도록. 그 세대를 세워야 하는 숙제를 가진 한국 교회에 좋은 길라잡이가 될 것이다.

박종근 서울모자이크교회 담임목사, 모두함께재단 이사장

원고를 읽는 내내 눈이 촉촉했다. 21세기 몽골 칭기즈칸 벌판에서,

2000년 전의 예수님과 제자 베드로의 모습을 재현한 러브 스토리를 본 것이다. 하나님 나라의 복음을 위해 나선 사람 최순기 선교사, 안락한 미국 생활과 가족을 뒤로하고 몽골과 북한에 삶을 바친 그를 만난 것은 영광스럽고 가슴 뛰는 일이다. 이 시대에, 한 영혼에 미친 사람을 본다는 것이 얼마나 큰 축복인가. 아무것도 아까워하지 않았던 최순기 선교사님, 아골 골짝 빈들만을 고집하고 삭막한 땅을 골라 자신을 쏟아부은 주의 종을, 나는 존경하며 마음껏 자랑하고 싶다.

그리고, 진흙 속에서 보석을 발견하듯, 몽골의 파수꾼이자 몽골 교회의 청지기로서 뭉흐 형제를 찾아낸 것은 하나님의 은혜다. '그 아버지에 그 아들', 참 멋있다. 그 고난의 여정 속에 깊이 배어 있는 맛을 알기까지는 많은 시간이 걸리리라!

최순기 선교사님을 그리워하는 믿음의 아들 뭉흐 목사의 글을 읽는 독자들이 '다시 복음으로', '다시 소명의 자리'로 회귀(回歸)하기를 간절히 소망한다. "그(아벨)가 죽었으나 그 믿음으로서 지금도 말하느니라"(히 11:4).

림형천 잠실교회 담임목사

이 책을 읽으며 사도행전의 감격을 새롭게 느꼈다. 사도행전의 역사가 초대교회로 끝나는 것이 아니라 오늘도 계속해서 이어지는 성령의 역사임을 최 선교사님의 선교를 통해 분명히 보여주고 있다.

그의 선교 사역은 사람들뿐 아니라 하나님 앞에서도 모범적이고 성공적이어서, 이 시대의 목회자와 선교사들에게 큰 도전을 준다. 자신의 사역만으로 끝나는 선교가 아니었으며, 제자들을 세우고, 그들을 통해 생명을 이어가는 선교였기 때문이다. 지식이나 기술의 전수가 아니었다. 예수님이 하셨던 것처럼 함께 먹고 함께 자고 함께 기도하고 전도하는 제자 양육이었다. 그랬기에 복음의 DNA를 그대로 전수할 수 있었다.

몽골에 세웠던 새생명교회는 그의 영적 아들이요 제자인 뭉흐 목사가 목회를 이어가며 크게 성장시키고 있다. 몽골뿐 아니라 세계선교의 전초기지로서 굳건하게 세워지고 있다. 최 선교사님의 제자의 제자들이 몽골은 물론 한국과 미국과 영국 등지에서도 목회자와 선교사가 되어 아름답게 사역하고 있다. 선교사님께서는 몽골에 10개의 교회를 세우자는 비전을 제자들과 나누었지만, 이미 그 숫자를 훨씬 넘은 교회들이 몽골 땅에 세워졌고, 계속해서 세워져가고 있다.

그의 사역이 목회자와 선교사들에게 큰 도전이 되는 이유는 물량이나 인간적인 방법에 의지한 것이 아니었기 때문이다. 오직 기도로, 성령의 역사만 의지하고 자기 삶을 내려놓는, 철저한 순종의 선교였다. 그야말로, 말로 한 선교가 아니라 삶으로 한 선교였다. "한 알의 밀이 … 죽으면 많은 열매를 맺느니라"는 말씀을 그대로 따르고 순종하였기에, 생명의 역사가 더욱 크게 자라가고 있는 것이다. 복음을 위한 그의 헌신과 삶이 끝난 것이 아니라, 더욱 힘차게 자라가고 있음을 우리는 이 책에서 볼 수 있다.

복음의 야성을 가지고 선교사로 헌신하신 최순기 선교사님의 삶을
통하여, 몽골 땅에 복음화를 이루어 가시는 하나님의 놀라운 선교
역사 현장을 생생하게 담은 책입니다. 복음을 전하기 어렵다고 말
하는 시대입니다. 그러나 이 책은 하나님의 시선으로 영혼을 바라
보고 부르신 사명에 순종하는 하나님의 사람이 있다면, 하나님께서
놀라운 기적으로 역사하시며 반드시 열매 맺게 하신다는 사실을 분
명하게 증언하고 있습니다.

하나님께서는 빛을 잃어 어둠이 깊어지는 혼란과 혼돈의 시대 속에
서, 오직 복음을 들고 영혼들을 향하여 생명의 빛을 전할 그 한 사
람, 이런 선교사를 찾고 계십니다. 주님께서는 우리를 그런 선교사
로 부르셨습니다. '가서 제자 삼으라' 말씀하시며 세상으로 파송하
셨습니다. 예수님께서 자신을 보내신 하나님의 부르심에 순종하셨
듯이, 우리 각자의 삶의 자리로 부르신 그 부르심에 순종하는 그 한
사람이 우리가 될 때, 몽골 땅에 역사하신 하나님께서 우리의 삶을
통하여 열매 맺게 하실 것을 확신합니다.

하나님의 부르심에 순종함으로 몽골 땅에 한 알의 밀알이 되신 최
순기 선교사님의 귀한 삶의 이야기가 이 시대를 살아가는 성도들로
하여금 복음의 야성을 회복하고, 선교의 열정을 다시 뜨겁게 할 것
입니다. 그리하여 하나님의 놀라운 선교 역사가 반드시 이루어지게
도울 이 책을 마음 다해 추천합니다.

참고자료

‣ 하나님과 동행하는 사람들, 최홍기 지음, 2020년 10월 24일, 쿰란출판사
‣ 몽골 개황 2016 Mongolia, 대한민국 외교부
‣ 현대 몽골어 성경 번역에 관한 한 소고, 안교성, 2018년 4월, (재)대한성서공회
‣ 성경 번역상 상이한 단어 선택 전략, 전문성 대 대중성, 안교성, 2020년 4월, (재)대한성서공회
‣ 내몽골의 하나님 용어, 고은이(WEC국제선교회), 성경원문연구 제18호, 대한성서공회 누리집(www.bskorea.or.kr)
‣ 몽골 성서 번역의 역사, 시마무라 타카시(몽골 선교사), 안중환(한남대학교 일문과 교수 번역), 성경원문연구 제19호, 대한성서공회 누리집
‣ 몽골어 성서 번역 특징, 이영철(WEC국제선교회 파송 선교사), 대한성서공회 누리집

저자 조수아 뭉흐(Munkh Jargal) 후원계좌

하나은행 620-215659-038
MUNKHJARGAL JARGALSAIKHAN

‣ 유튜브 @joshuamunkh7949
‣ 페이스북 joshua.munkh